#홈스쿨링
#초등 영어 기초력
#초등영어 교육과정 기반

똑똑한 하루 Phonics는 무엇이 다를까요?

하루에 발음 1~2개! 단어 3~4개를 집중해서 연습하니까 배우기 쉬워요!

매일 6쪽씩 학습하고, 부록으로 놀이하듯 복습하며 균형 잡힌 학습을 해요!

발음 동영상으로 정확한 발음을 익히고, 찬트/랩으로 읽기 훈련을 해요!

반복되고 지루한 문제는 그만! 다양한 활동으로 재미있게 학습해요!

매주 5일은 스토리로 문장을 읽어 보고, 사이트 워드도 익혀 보세요!

똑똑한 하루 Phonics
시리즈 구성 Starter, Level 1~3

Starter A, B
A 알파벳 + 파닉스 ①
B 알파벳 + 파닉스 ②

Level 1 A, B
A 자음과 모음
B 단모음

Level 2 A, B
A 매직 e 장모음
B 연속자음 + 이중자음

Level 3 A, B
A 장모음
B 이중모음

똑똑한 하루 Phonics만의

똑똑한 부가 자료

책 속 부록

단어 카드

온라인 자료

QR
▷ QR로 편리하게 듣고 발음 동영상도 볼 수 있어요.

추가 활동지
▷ 다양한 추가 활동지를 book.chunjae.co.kr 에서 다운 받으세요.

4주 완성 스케줄표

1주

★ 공부한 날짜를 써 봐!

3A

	1일 8~17쪽	2일 18~23쪽	3일 24~29쪽	4일 30~35쪽	5일 36~41쪽	TEST
	단모음	매직 e 장모음	ai	ay	1주 복습	42~43쪽
	월 일	월 일	월 일	월 일	월 일	월 일

2주

특강
44~49쪽
월 일

힘을 내! 넌 최고야!

TEST	5일 78~83쪽	4일 72~77쪽	3일 66~71쪽	2일 60~65쪽	1일 50~59쪽
84~85쪽	2주 복습	igh	ie	ea	ee
월 일	월 일	월 일	월 일	월 일	월 일

계획대로만 하면 금방 끝날 거야!

특강
86~91쪽
월 일

3주

배운 단어는 꼭꼭 복습하기!

1일 92~101쪽	2일 102~107쪽	3일 108~113쪽	4일 114~119쪽	5일 120~125쪽	TEST
oa	ow	ue	ui	3주 복습	126~127쪽
월 일	월 일	월 일	월 일	월 일	월 일

4주

특강
128~133쪽
월 일

복습하니까 이해가 쏙쏙! 실력이 쏙쏙!

특강	TEST	5일 162~167쪽	4일 156~161쪽	3일 150~155쪽	2일 144~149쪽	1일 134~143쪽
170~175쪽	168~169쪽	4주 복습	장모음 o, u	장모음 i	장모음 e	장모음 a
월 일	월 일	월 일	월 일	월 일	월 일	월 일

똑똑한 하루 Phonics

똑똑한 QR 사용법

방법 1

QR로 편리하게 듣기

1. 교재 표지의 QR 코드 찍기
2. 해당 '레벨 ≫ 주 ≫ 일'을 터치하고, 원하는 음원과 동영상 재생하기
3. 복습할 때 찬트 모아 듣기, 동영상 모아 보기 기능 활용하기

방법 2

교재에서 바로 듣기

교재 본문의 QR 코드를 찍고, 원하는 음원과 동영상 재생하기

편하고 똑똑하게!

Chunjae
Makes
Chunjae

▼

편집개발	조수민, 구보선, 유재영, 주선이
디자인총괄	김희정
표지디자인	윤순미, 이주영
내지디자인	박희춘, 이혜미
제작	황성진, 조규영

발행일	2022년 6월 1일 초판 2022년 6월 1일 1쇄
발행인	(주)천재교육
주소	서울시 금천구 가산로9길 54
신고번호	제2001-000018호
고객센터	1577-0902

똑 똑 한
하루
Phonics

하루 6쪽!
쉽고 재미있게!

3A

장모음

이렇게 구성했어요!

한 주
미리보기

배울 내용을 이야기로 살펴 보고,
스티커를 붙이며 학습을 준비해요.

1~4일
학습

발음 동영상으로
익혀 보세요.

장모음이 단어 속에서 어떻게 소리 나는지 만화와
발음 동영상을 보며 익혀요.

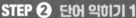

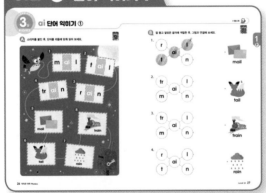

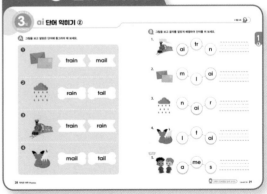

랩으로 익히는 단어 읽기 연습과 듣기 활동은 소리와
글자를 매치하여 단어를 읽을 수 있게 도와줘요.

단어 읽기 및 쓰기 활동을 통해 스스로 단어를 읽고
쓸 수 있어요.

5일 복습

STEP ① 복습 활동

문제를 풀어 보며 장모음의 소리와 단어를 복습해요.

STEP ② Story Time

한 주 동안 배운 단어로 구성된 스토리와 사이트 워드로 읽기 자신감을 키워요.

누구나 100점 TEST

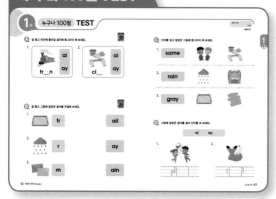

한 주 동안 배운 내용을 문제로 확인해요.

Brain Game

창의 · 융합 · 코딩 활동으로 복습은 물론!
재미와 사고력까지 UP!

단어 카드로
매일 복습하며
재미 쑥! 실력 쑥!

놀이 부록

단어 카드를 뜯어서 놀이하듯
재미있게 장모음을 복습해요.

3주

4주

장모음 글자와 소리

🎙 글자를 손으로 짚으며 소리를 말해 보세요.

장모음 **a**

a_e	ai	ay
/에이/	/에이/	/에이/

장모음 **e**

ee	ea
/이-/	/이-/

장모음 **i**

i_e	ie	igh
/아이/	/아이/	/아이/

장모음 **o**

o_e	oa	ow
/오우/	/오우/	/오우/

장모음 **u**

u_e	ue	ui
/유-/	/우-/	/우-/

함께 배울 친구들

안녕, 내 이름은 리오야!
어느 날, 소리 에너지 공장에
번개가 떨어져 에너지가 다 샜지 뭐야.
우리와 함께 장모음 소리 에너지를
모으러 떠나 보자!

리오

릴리 안녕, 나는 릴리야!
장모음 소리 에너지를 다시 채우려면
모음 친구들을 만나야 해.
우리와 함께 떠나 보지 않을래?

1주 이번 주에는 무엇을 배울까? ①

8 아니, 매직 e는 너무 바빠. 다른 모음들한테 또 가 버리면 어떡해.

9 그럼 난 다시 /애/가 되잖아.

다른 친구들을 찾아보면 되지!

10 맞아! 우리가 그 친구들 찾는 걸 도와줄게.

내 이름을 되찾게 도와줄 친구들?

대신 우리도 너의 도움이 필요해.

11 우리는 장모음 소리 에너지를 채워야 하거든.

네가 /에이/ 소리를 되찾을 때마다 소리 에너지를 주면 돼.

12 문제없어! 그럼 내 이름을 찾으러 떠나 볼까~?

a_e, ai, ay는 /에이/ 소리가 나요. 알맞은 스티커를 붙여 보세요.

gr ay

s a m e

Quiz

/에이/ 소리가 들어간 단어에 모두 동그라미 해 보세요.

단모음 소리 익히기

📖 이야기 속에서 단모음이 어떻게 소리 나는지 들어 보세요.

1주

 A 단모음의 소리를 듣고 따라 말해 보세요.

a
애

①  **b a g** → **bag**
ㅂ 애 ㄱ

i
이

②  **b i g** → **big**
ㅂ 이 ㄱ

e
에

③  **v e t** → **vet**
ᵛㅂ 에 ㅌ

o
아

④  **h o t** → **hot**
ㅎ 아 ㅌ

u
어

⑤  **h u t** → **hut**
ㅎ 어 ㅌ

단모음 단어 익히기 ①

 스티커를 붙인 후, 단어를 리듬에 맞춰 읽어 보세요.

① b a g

② b i g

④ h o t

③ v e t

⑤ h u t

B 잘 듣고 빈칸에 알맞은 모음의 글자를 연결해 보세요.

1주

1.

b __ g

i

o

2.

h __ t

e

u

3.

b __ g

u

a

4.

v __ t

e

i

5.

h __ t

a

o

단모음 단어 익히기 ②

A 그림을 보고 알맞은 단어에 동그라미 해 보세요.

❶ vet / hut

❷ bag / big

❸ bag / hot

❹ big / hot

❺ vet / hut

단어를 큰 소리로 읽어 봐.

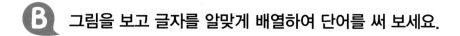

B 그림을 보고 글자를 알맞게 배열하여 단어를 써 보세요.

1.  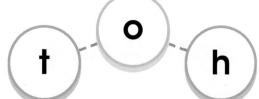 hot

2.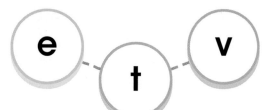

3.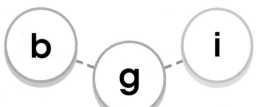

4.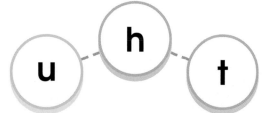

5.

매직 e 장모음 소리 익히기

 이야기 속에서 매직 e 장모음이 어떻게 소리 나는지 들어 보세요.

1
주

A 매직 e 장모음의 소리를 듣고 따라 말해 보세요.

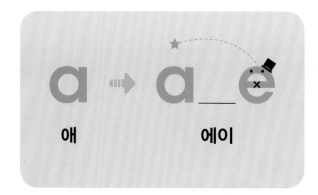

애   에이

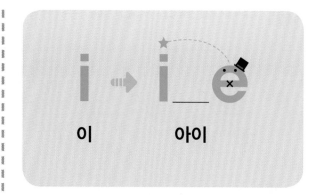

이   아이

1

ㅅ   에임

⬇

same

2

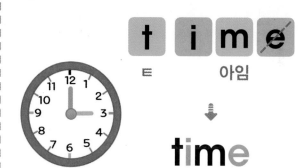

ㅌ   아임

⬇

time

아   오우

어   유-

3

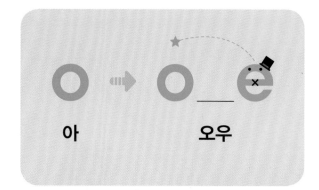

ㄴ   오우ㅌ

⬇

note

4

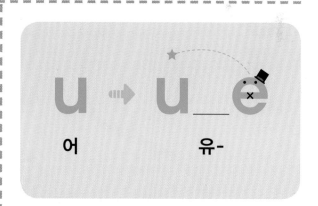

ㅋ   유-ㅌ

⬇

cute

① 똑같은 ② 시간 ③ 쪽지, 메모 ④ 귀여운

매직 e 장모음 **단어 익히기** ①

A 스티커를 붙인 후, 단어를 리듬에 맞춰 읽어 보세요.

▶정답 2쪽

B 잘 듣고 빈칸에 알맞은 모음의 글자를 연결해 보세요.

1.

t___me

i

u

2.

c___te

o

u

3.

n___te

a

o

4.

s___me

a

e

매직 e 장모음 단어 익히기 ②

A 단어를 읽고 알맞은 그림과 연결해 보세요.

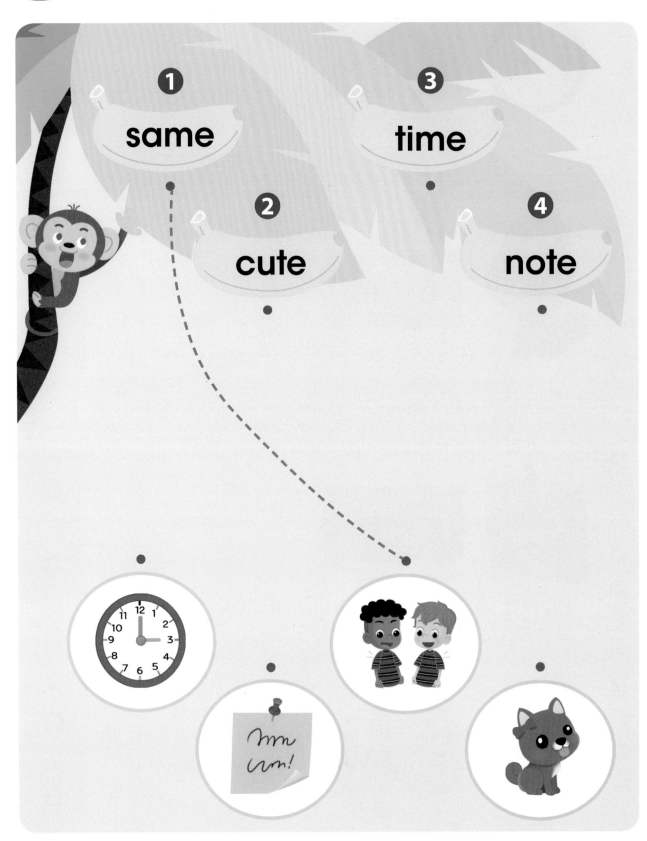

① same

② cute

③ time

④ note

B 그림을 보고 글자를 알맞게 배열하여 단어를 써 보세요.

1.

2.

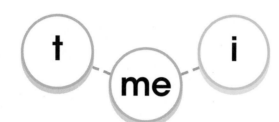

3.

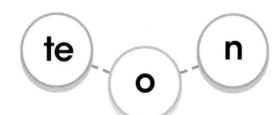

4.

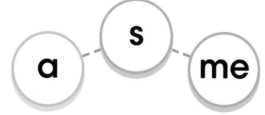

복습
5.

23쪽의 단어들을 읽어 보세요.

ai 소리 익히기

 ai가 단어 속에서 어떻게 소리 나는지 들어 보세요.

A ai의 소리를 듣고 따라 말해 보세요.

ai
에이

앞에 있는 a는
이름 소리 /에이/!
뒤에 있는 i는 쉿!
소리나지 않아.

B 잘 듣고 따라 말하면서 ai의 단어를 익혀 보세요.

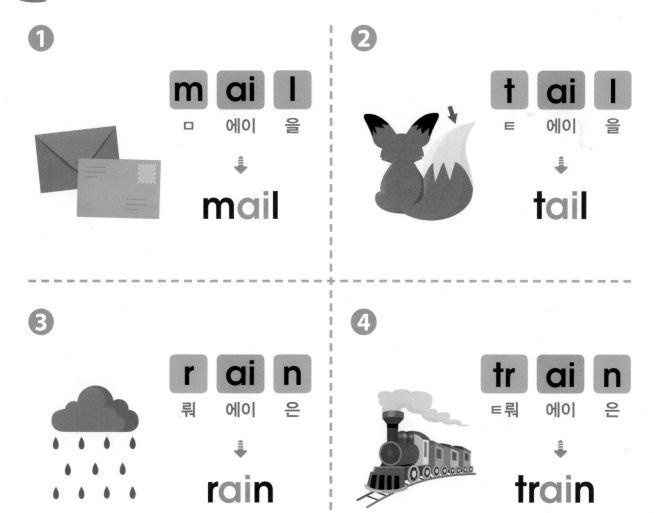

① m ai l
ㅁ 에이 을
↓
mail

② t ai l
ㅌ 에이 을
↓
tail

③ r ai n
뤄 에이 은
↓
rain

④ tr ai n
트뤄 에이 은
↓
train

① 우편 ② 꼬리 ③ 비 ④ 기차　Level 3A **25**

ai 단어 익히기 ①

3일
PHONICS
똑똑한 하루

A 스티커를 붙인 후, 단어를 리듬에 맞춰 읽어 보세요.

▶정답 3쪽

B 잘 듣고 알맞은 글자에 색칠한 후, 그림과 연결해 보세요.

1.
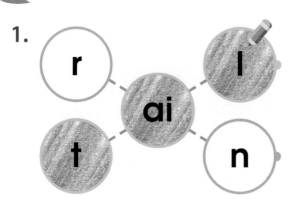

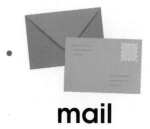

mail

2.
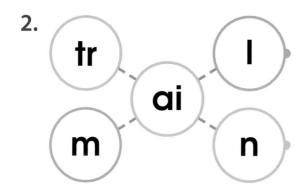

tail

3.
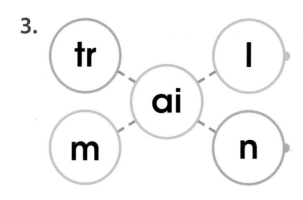

train

4.
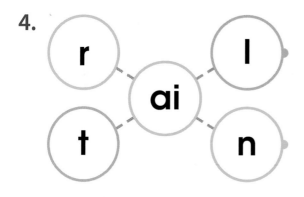

rain

ai 단어 익히기 ②

A 그림을 보고 알맞은 단어에 동그라미 해 보세요.

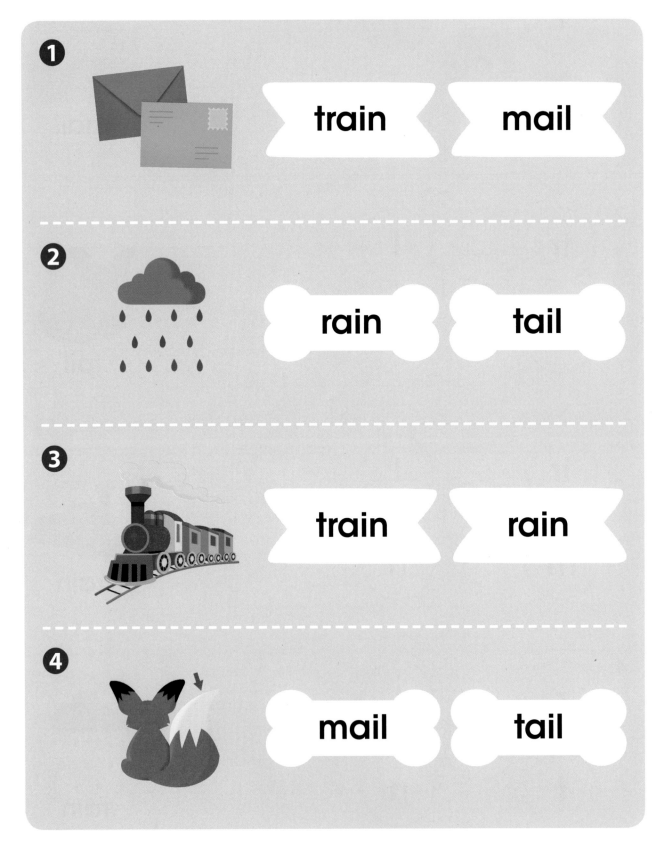

① train / mail

② rain / tail

③ train / rain

④ mail / tail

B 그림을 보고 글자를 알맞게 배열하여 단어를 써 보세요.

1.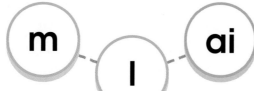

2.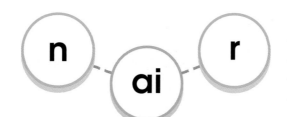

3.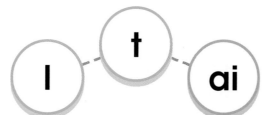

4. 

복습

5.

ay 소리 익히기

 ay가 단어 속에서 어떻게 소리 나는지 들어 보세요.

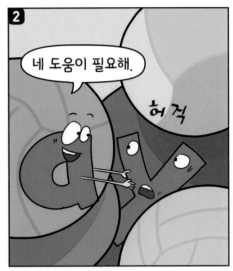

A ay의 소리를 듣고 따라 말해 보세요.

ay
에이

앞에 있는 a는
이름 소리 /에이/!
뒤에 있는 y는 쉿!

1
주

B 잘 듣고 따라 말하면서 ay의 단어를 익혀 보세요.

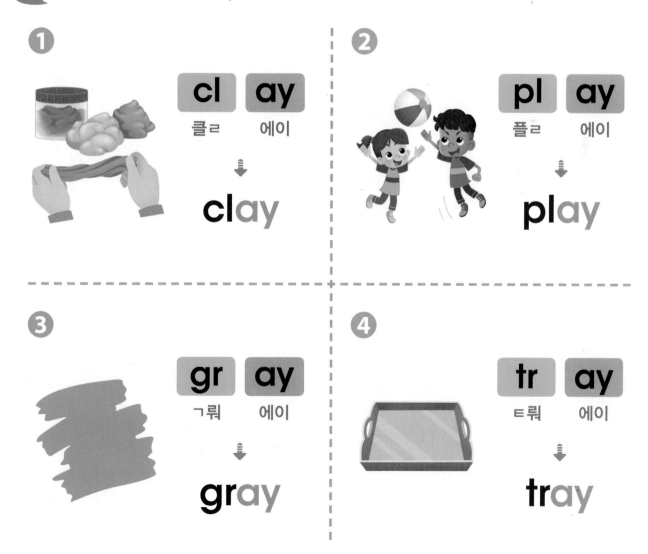

❶
cl ay
클ㄹ 에이
⬇
clay

❷
pl ay
플ㄹ 에이
⬇
play

❸
gr ay
ㄱ뤄 에이
⬇
gray

❹
tr ay
트뤄 에이
⬇
tray

ay 단어 익히기 ①

A 스티커를 붙인 후, 단어를 리듬에 맞춰 읽어 보세요.

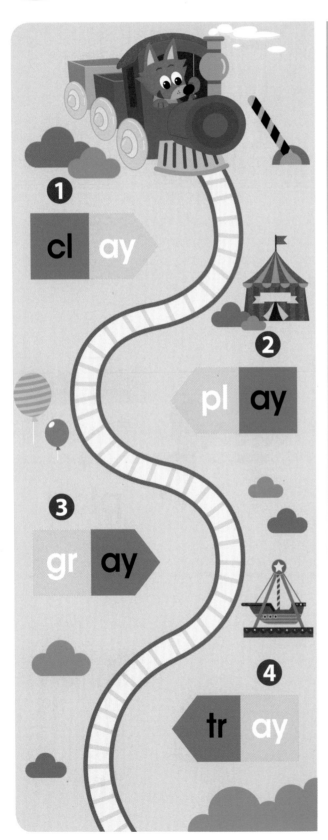

1. cl ay
2. pl ay
3. gr ay
4. tr ay

5. clay
6. play
7. gray
8. tray

B 잘 듣고 알맞은 글자에 색칠한 후, 그림과 연결해 보세요.

1. 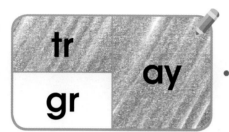 ·

   ·

   play

2. cl / pl **ay** ·

   ·

   tray

3. gr / pl **ay** ·

   ·

   clay

4. cl / tr **ay** ·

   ·

   gray

ay 단어 익히기 ②

A 단어를 읽고 알맞은 그림과 연결해 보세요.

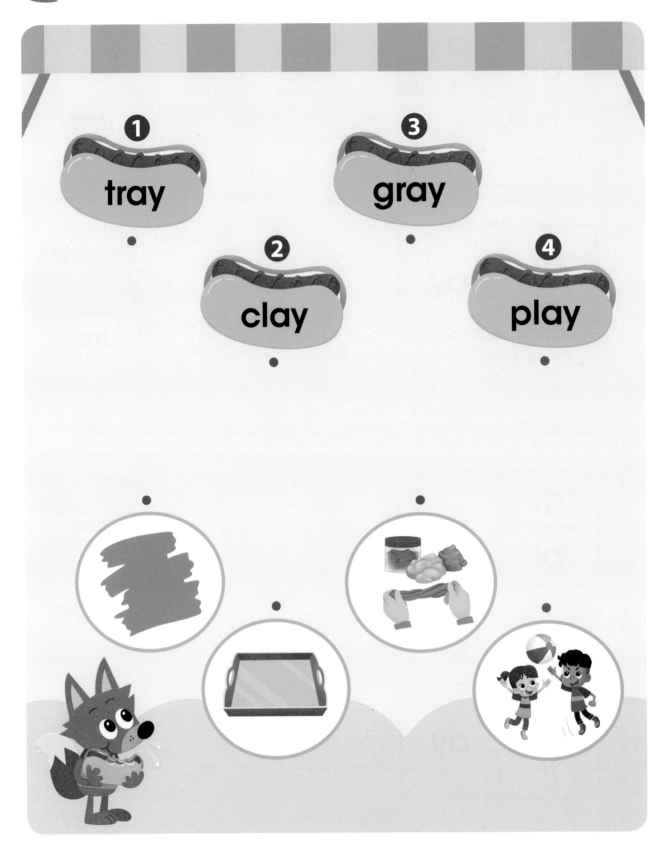

1 tray
2 clay
3 gray
4 play

B 그림에 알맞은 단어를 찾아 동그라미 하고, 써 보세요.

1.

p l a y <u>c l a y</u>

2.

t r a y g r a y

3.

c l a y g r a y

4.

t r a y p l a y

복습
5.

g r a y s a m e

복습
6.

b a g c l a y

장모음 a 복습 ①

A 잘 듣고 알맞은 단어에 동그라미 해 보세요.

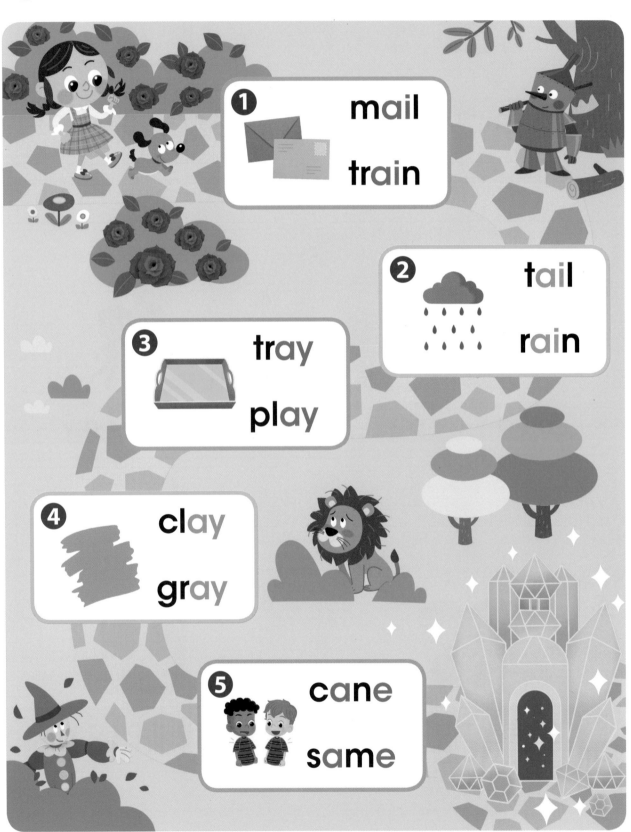

❶ mail
train

❷ tail
rain

❸ tray
play

❹ clay
gray

❺ cane
same

▶정답 5쪽

 잘 듣고 알맞은 글자와 그림을 연결해 보세요.

1.

| t | ay |

2.

| cl | ail |

3.

| pl | ay |

4.

| s | ain |

5.

| tr | ame |

장모음 a 복습 ②

A 빈칸에 공통으로 들어갈 글자에 동그라미 해 보세요.

① pl___   cl___   ay / ai

② t__l   m__l   ay / ai

③ tr__n   r__n   ay / ai

④ tr___   gr___   ay / ai

B 빈칸에 알맞은 글자를 찾아 쓰고, 단어를 읽어 보세요.

| a | a_e | ai | ay |

1.

| b | | g |

2.

| r | | n |

3.

| s | m | |

4.

| pl | | |

5.

| m | | l |

6.

| gr | | |

Story Time

A 이야기를 들으며 따라 읽어 보세요.

Jane plays with clay.

Jane makes a tail.

Jane makes a train.

Oh no! I hate rain!

Sight Word

make를 찾아라!

B make를 모두 찾아 큰 소리로 읽으며 연결해 보세요.

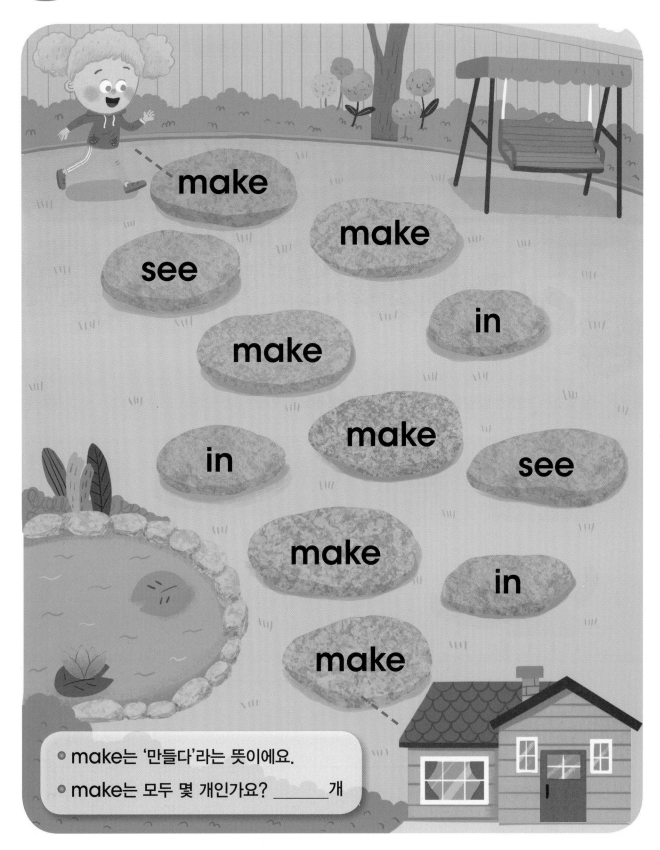

make

make

see

in

make

make

in

make

see

make

in

make

- make는 '만들다'라는 뜻이에요.
- make는 모두 몇 개인가요? _____개

A 잘 듣고 빈칸에 들어갈 글자에 동그라미 해 보세요.

1.

tr__n

ai
ay

2.
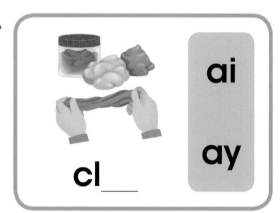

cl__

ai
ay

B 잘 듣고 그림에 알맞은 글자를 연결해 보세요.

1.

tr

ail

2.

r

ay

3.

m

ain

C 단어를 읽고 알맞은 그림에 동그라미 해 보세요.

1. **same**

2. **rain**

3. **gray**

D 그림에 알맞은 글자를 골라 단어를 써 보세요.

ai   ay

1.

p l

2.

t   l

Brain Game

🔁 로봇과 함께 길을 따라가며 퀴즈를 풀어 보세요.

START

❶ 빈칸에 ai가 들어가는 그림에 동그라미 해 보세요.

gr___　　　t___l

❷ 빈칸에 들어갈 글자가 같으면 ○표, 다르면 ×표를 해 보세요.

m___l　tr___n

❸ 그림을 보고 글자를 연결해 보세요.

s ·

· ay

· ame

▶정답 7쪽

6 그림을 보고 빈칸에 알맞은 글자를 골라 단어를 써 보세요.

ai ay

tr

5 단어와 그림을 연결해 보세요.

bag ·

rain ·

4 그림을 보고 알맞은 단어에 동그라미 해 보세요.

play

clay

A 모음의 소리가 <u>다른</u> 단어에 동그라미 해 보세요.

❶ tray rain bag

❷ clay cute train

❸ tail gray vet

❹ big mail play

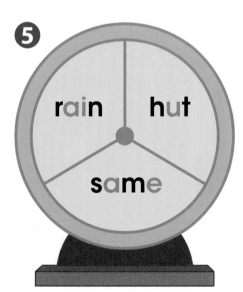

❺ rain hut same

B 단어의 순서대로 알맞은 그림을 따라 길을 찾아가 보세요.

same 〉 mail 〉 play 〉 tray 〉 rain

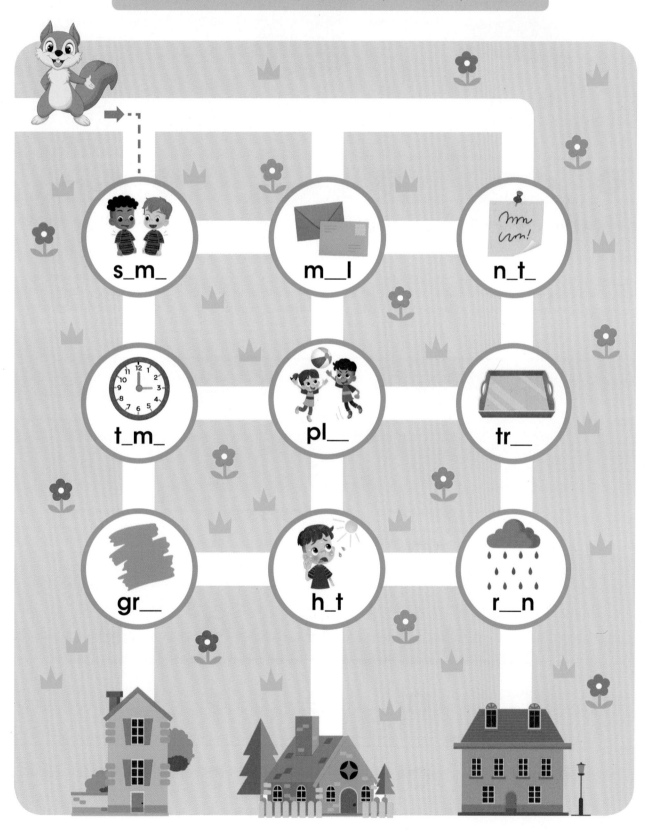

s_m_　　m__l　　n_t_

t_m_　　pl__　　tr__

gr__　　h_t　　r__n

A 그림을 보고 알맞은 단어를 퍼즐에서 찾아 동그라미 해 보세요.

❶
tr___n

❷
t___l

❸
cl___

❹
t_m_

❺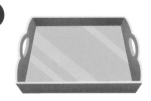
tr___

❻
b_g

a	t	i	m	e
m	r	h	p	j
t	a	i	l	y
r	i	b	a	g
a	n	e	y	a
y	c	l	a	y

▶정답 8쪽

B 규칙에 알맞게 빈칸에 들어갈 스티커를 붙여 보세요.

1

| rain | hot | ? | hot | rain | hot |

2

| play | hut | gray | play | hut | ? |

3

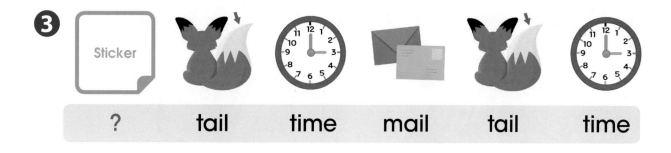

| ? | tail | time | mail | tail | time |

- -

● 각 스티커에 해당하는 단어를 써 보세요.

1

2

3

▶정답 9쪽

ea와 ee는 /이-/ 소리, ie와 igh는 /아이/ 소리가 나요. 알맞은 스티커를 붙여 보세요.

l igh t

p ie

2
주

Quiz

/이-/ 소리가 들어간 단어에 동그라미를, /아이/ 소리가 들어간 단어에 세모를 그려 보세요.

ee 소리 익히기

 ee가 단어 속에서 어떻게 소리 나는지 들어 보세요.

A ee의 소리를 듣고 따라 말해 보세요.

ee
이-

앞에 있는 e 는
이름 소리 /이-/!
뒤에 있는 e 는 쉿!

B 잘 듣고 따라 말하면서 ee의 단어를 익혀 보세요.

①

tr　ee
ㅌ뤄　이-
↓
tree

②

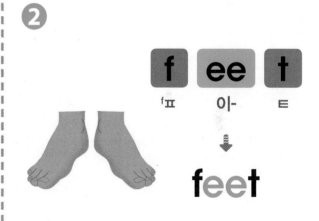

f　ee　t
ᶠㅍ　이-　ㅌ
↓
feet

③

sl　ee　p
슬ㄹ　이-　ㅍ
↓
sleep

④

gr　ee　n
ㄱ뤄　이-　은
↓
green

① 나무 ② 양발 ③ 자다 ④ 초록색　Level 3A **55**

ee 단어 익히기 ①

A 스티커를 붙인 후, 단어를 리듬에 맞춰 읽어 보세요.

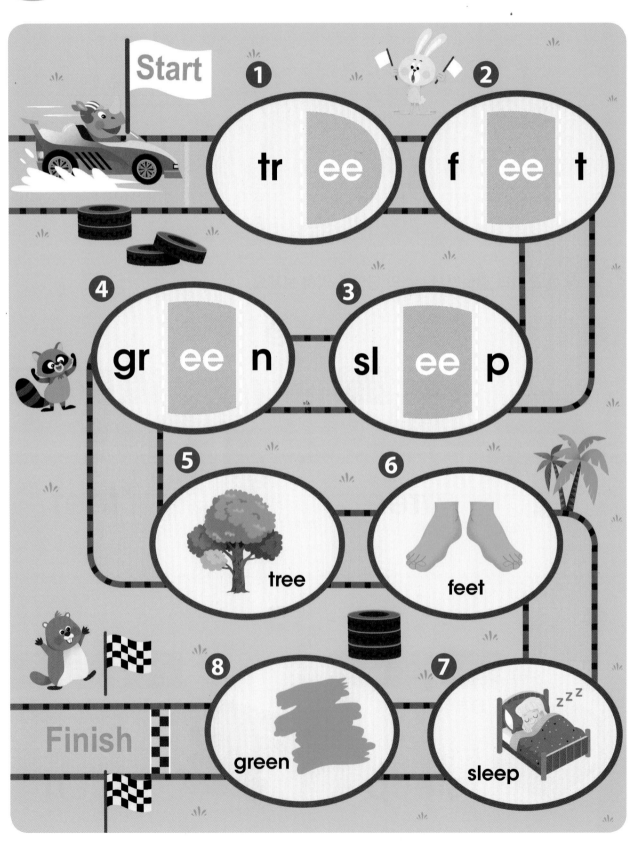

▶정답 9쪽

B 잘 듣고 알맞은 글자에 색칠한 후, 그림과 연결해 보세요.

1.

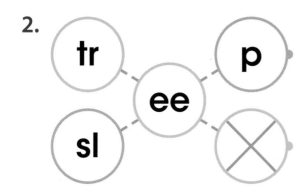

green

2.

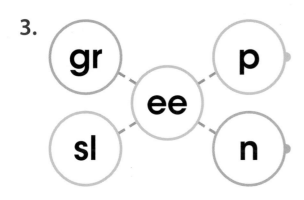

sleep

3.

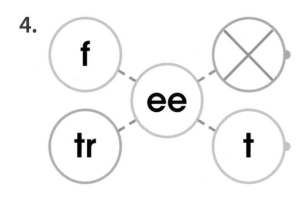

tree

4.

feet

ee 단어 익히기 ②

A 그림을 보고 알맞은 단어에 동그라미 해 보세요.

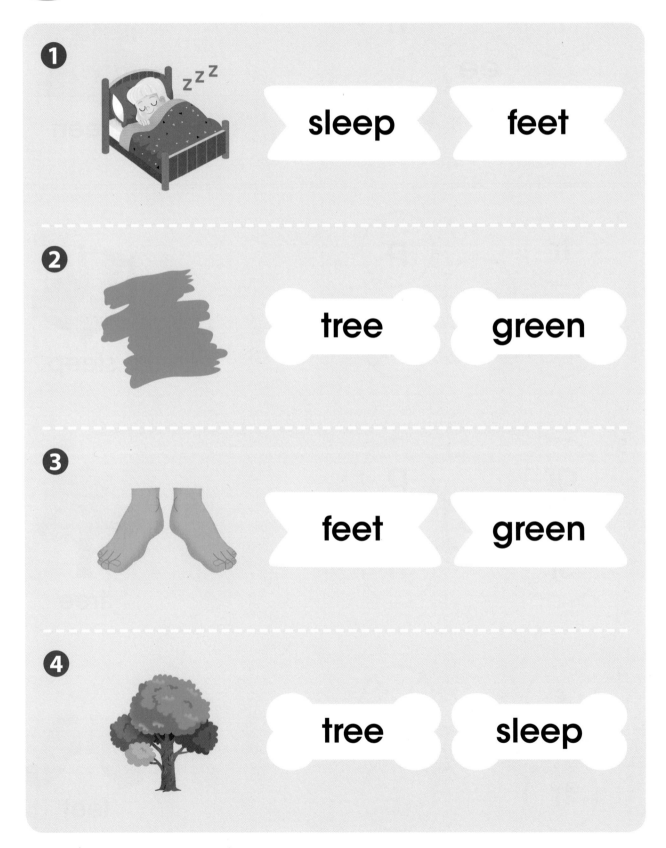

1 sleep   feet

2 tree   green

3 feet   green

4 tree   sleep

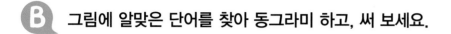

B 그림에 알맞은 단어를 찾아 동그라미 하고, 써 보세요.

1.

f e e t s l e e p

_____

2.

g r e e n t r e e

_____

3.

t r e e s l e e p

_____

4.

g r e e n f e e t

_____

복습
5.

p l a y g r a y

_____

복습
6.

t r a y c l a y

_____

2일 PHONICS

ea 소리 익히기

 ea가 단어 속에서 어떻게 소리 나는지 들어 보세요.

A ea의 소리를 듣고 따라 말해 보세요.

B 잘 듣고 따라 말하면서 ea의 단어를 익혀 보세요.

1

2

3

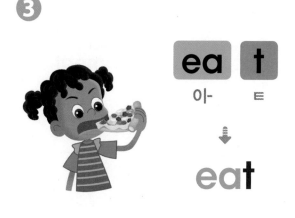

4

① 차 ② 바다 ③ 먹다 ④ 고기　Level 3A **61**

ea 단어 익히기 ①

A 스티커를 붙인 후, 단어를 리듬에 맞춰 읽어 보세요.

▶정답 10쪽

B 잘 듣고 알맞은 글자에 색칠한 후, 그림과 연결해 보세요.

2
주

1.

s	ea
t	

meat

2.

ea	m
	t

sea

3.

s	ea	t
m		

eat

4.

t	ea
s	

tea

ea 단어 익히기 ②

A 단어에 알맞은 그림을 연결해 보세요.

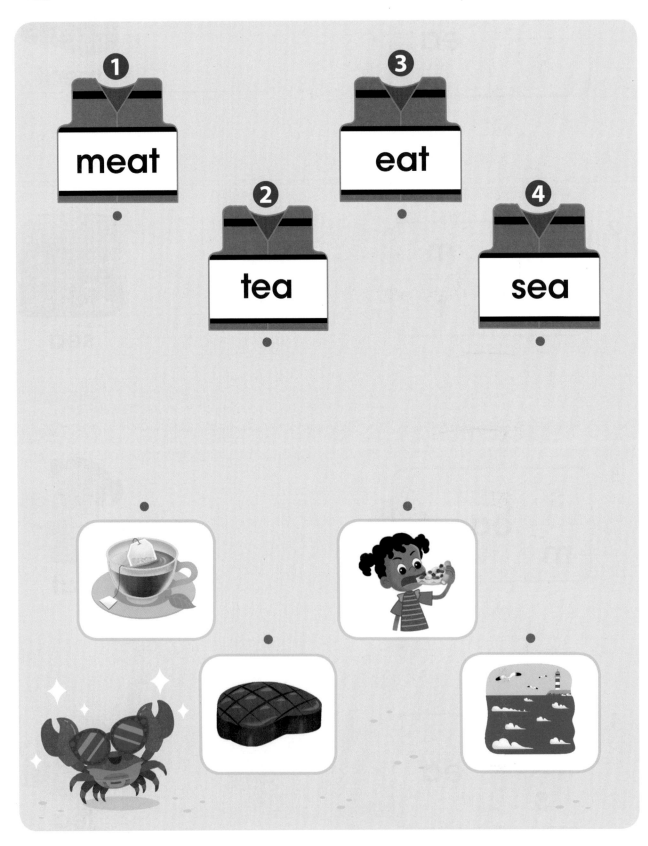

1 meat

2 tea

3 eat

4 sea

B 그림에 알맞은 단어를 찾아 동그라미 하고, 써 보세요.

1.

s e a m e a t

2.

e a t t e a

3.

m e a t t e a

4.

s e a e a t

복습
5.

f e e t s l e e p

복습
6.

t r e e g r e e n

65쪽의 단어들을 읽어 보세요. Level 3A **65**

ie 소리 익히기

📖 ie가 단어 속에서 어떻게 소리 나는지 들어 보세요.

A ie의 소리를 듣고 따라 말해 보세요.

ie
아이

앞에 있는 i는
이름 소리 /아이/!
뒤에 있는 e는 쉿!

B 잘 듣고 따라 말하면서 ie의 단어를 익혀 보세요.

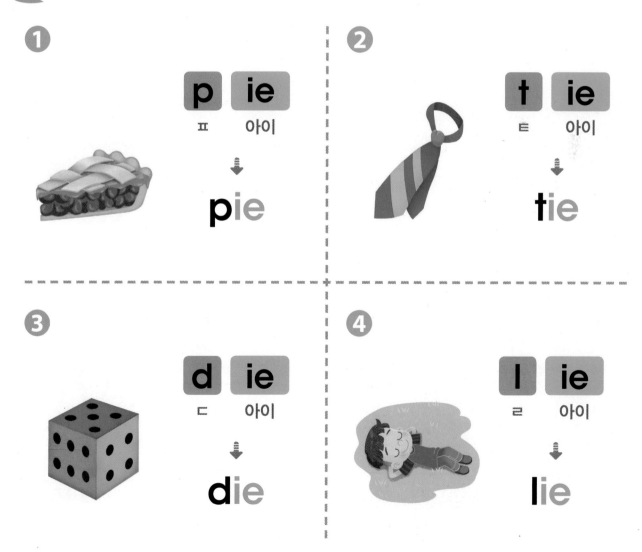

① p ie
ㅍ 아이
↓
pie

② t ie
ㅌ 아이
↓
tie

③ d ie
ㄷ 아이
↓
die

④ l ie
ㄹ 아이
↓
lie

① 파이 ② 넥타이 ③ 주사위 ④ 눕다   Level 3A **67**

ie 단어 익히기 ①

A 스티커를 붙인 후, 단어를 리듬에 맞춰 읽어 보세요.

B 잘 듣고 알맞은 글자에 색칠한 후, 그림과 연결해 보세요.

1.

t	
l	ie

die

2.

p	
d	ie

tie

3.

d	
p	ie

lie

4.

l	
t	ie

pie

ie 단어 익히기 ②

A 그림을 보고 알맞은 단어에 동그라미 해 보세요.

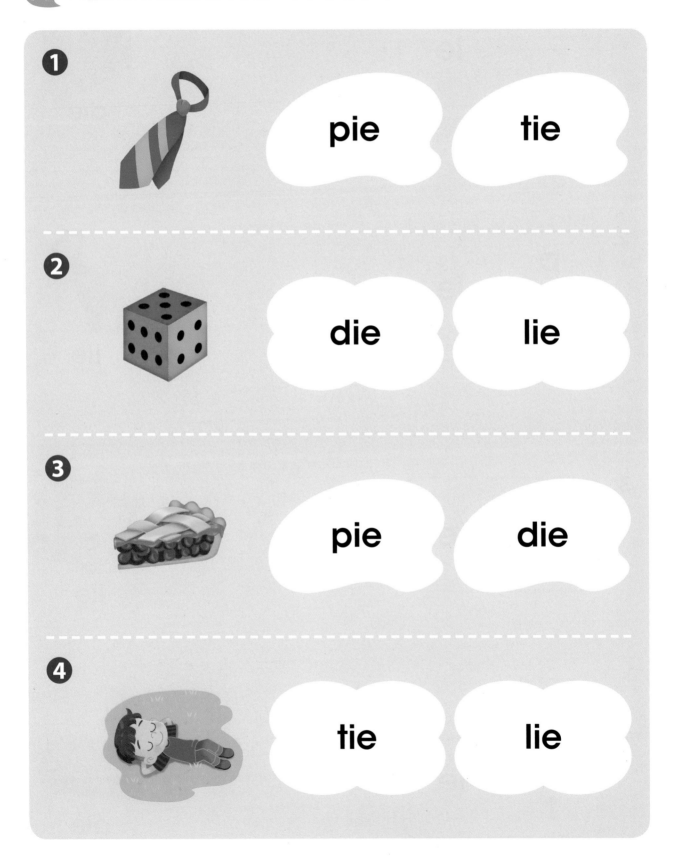

① pie   tie

② die   lie

③ pie   die

④ tie   lie

B 그림에 알맞은 단어를 찾아 동그라미 하고, 써 보세요.

1.

d i e p i e

_____

2.

t i e l i e

_____

3.

l i e p i e

_____

4.

t i e d i e

_____

복습
5.

e a t m e a t

_____

복습
6.

t e a s e a

_____

4일 igh 소리 익히기

 igh가 단어 속에서 어떻게 소리 나는지 들어 보세요.

A igh의 소리를 듣고 따라 말해 보세요.

igh
아이

앞에 있는 i는
이름 소리 /아이/!
뒤에 있는 gh는 쉿!

2
주

B 잘 듣고 따라 말하면서 igh의 단어를 익혀 보세요.

①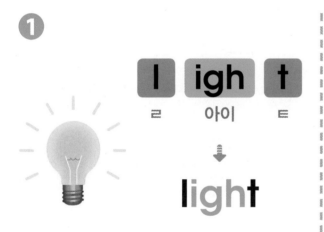

l igh t
ㄹ 아이 ㅌ
↓
light

②

n igh t
ㄴ 아이 ㅌ
↓
night

③

r igh t
뤄 아이 ㅌ
↓
right

④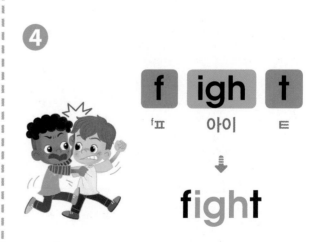

f igh t
「ㅍ 아이 ㅌ
↓
fight

① 전등불, 빛 ② 밤 ③ 오른쪽 ④ 싸우다   Level 3A **73**

igh 단어 익히기 ①

A 스티커를 붙인 후, 단어를 리듬에 맞춰 읽어 보세요.

1. l **igh** t
2. n **igh** t
3. r **igh** t
4. f **igh** t

5. light
6. night
7. right
8. fight

B 잘 듣고 알맞은 글자에 색칠한 후, 그림과 연결해 보세요.

1.

n	
l	**ight**

•

fight

2.

r	
f	**ight**

•

right

3.

l	
f	**ight**

•

night

4.

r	
n	**ight**

•

light

igh 단어 익히기 ②

A 단어를 읽고 알맞은 그림과 연결해 보세요.

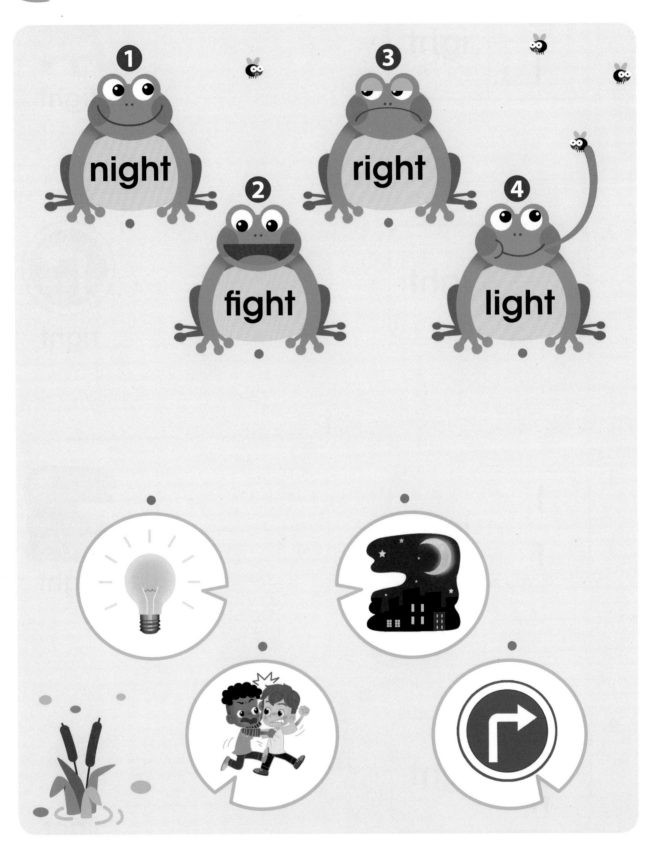

B 그림을 보고 글자를 알맞게 배열하여 단어를 써 보세요.

2주

1.
igh   f   t

_____

2.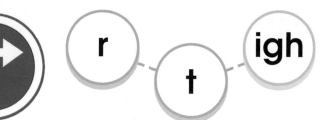
r   t   igh

_____

3.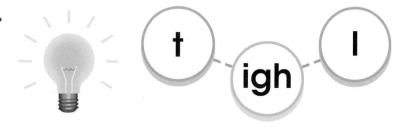
t   igh   l

_____

4.
t   n   igh

_____

복습
5.
ea   m   t

_____

 77쪽의 단어들을 읽어 보세요.

Level 3A **77**

5일 Review 장모음 e, i 복습 ①

A 잘 듣고 알맞은 단어에 동그라미 해 보세요.

❶ tree / feet

❷ tie / lie

❸ night / light

❹ tea / eat

❺ sleep / green

B 잘 듣고 알맞은 글자와 그림을 연결해 보세요.

1. s   ie

2. r   ea

3. p   ight

4. m   ee

5. tr   eat

장모음 e, i 복습 ②

A 빈칸에 공통으로 들어갈 글자에 동그라미 해 보세요.

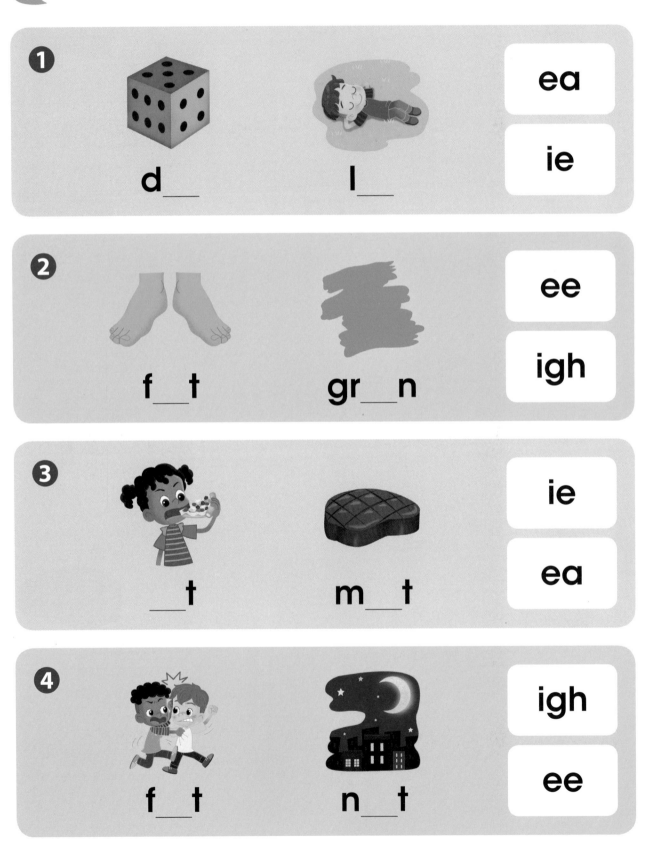

① d___   l___ | ea | ie |

② f___t   gr___n | ee | igh |

③ ___t   m___t | ie | ea |

④ f___t   n___t | igh | ee |

B 빈칸에 알맞은 글자를 찾아 쓰고, 단어를 읽어 보세요.

| ea | ee | igh | ie |

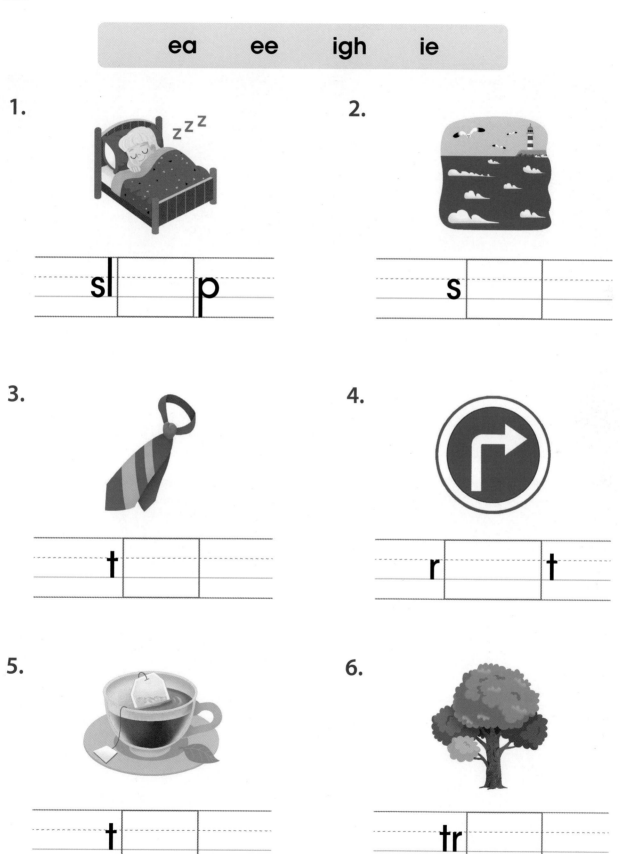

1.

sl　p

2.

s

3.

t

4.

r　t

5.

t

6.

tr

Story Time

A 이야기를 들으며 따라 읽어 보세요.

This is our tree house.

We make a green tie.

We eat meat pie.

Good night!

We sleep at night.

Sight **Word**

▶정답 14쪽

we를 찾아라!

B we를 모두 찾아 큰 소리로 읽으며 동그라미 해 보세요.

we | on | it | we

it | we | it | on

we | on | we | it

- we는 '우리'라는 뜻이에요.
- we는 모두 몇 개인가요? _____개

A 잘 듣고 빈칸에 들어갈 글자에 동그라미 해 보세요.

1.

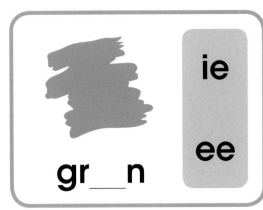

gr__n

ie
ee

2.

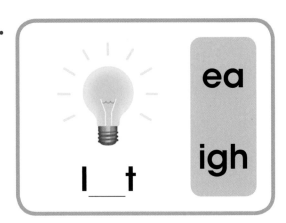

l__t

ea
igh

B 잘 듣고 그림에 알맞은 글자를 연결해 보세요.

1.

t

ee

2.

s

ea

3.

tr

ie

C 단어를 읽고 알맞은 그림에 동그라미 해 보세요.

1. **eat**

2. **die**

3. **right**

D 그림에 알맞은 글자를 골라 단어를 써 보세요.

1.

ee   igh

n   t

2.

ea   ie

t

🔁 두더지와 함께 길을 따라가며 퀴즈를 풀어 보세요.

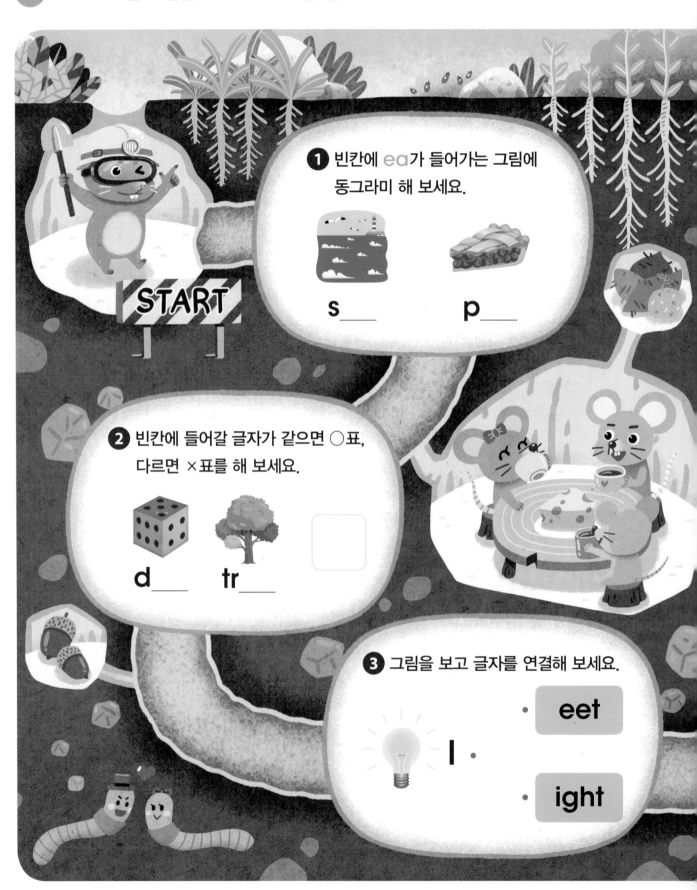

START

❶ 빈칸에 ea가 들어가는 그림에 동그라미 해 보세요.

s___   p___

❷ 빈칸에 들어갈 글자가 같으면 ○표, 다르면 ×표를 해 보세요.

d___   tr___

❸ 그림을 보고 글자를 연결해 보세요.

l ·   · eet

· ight

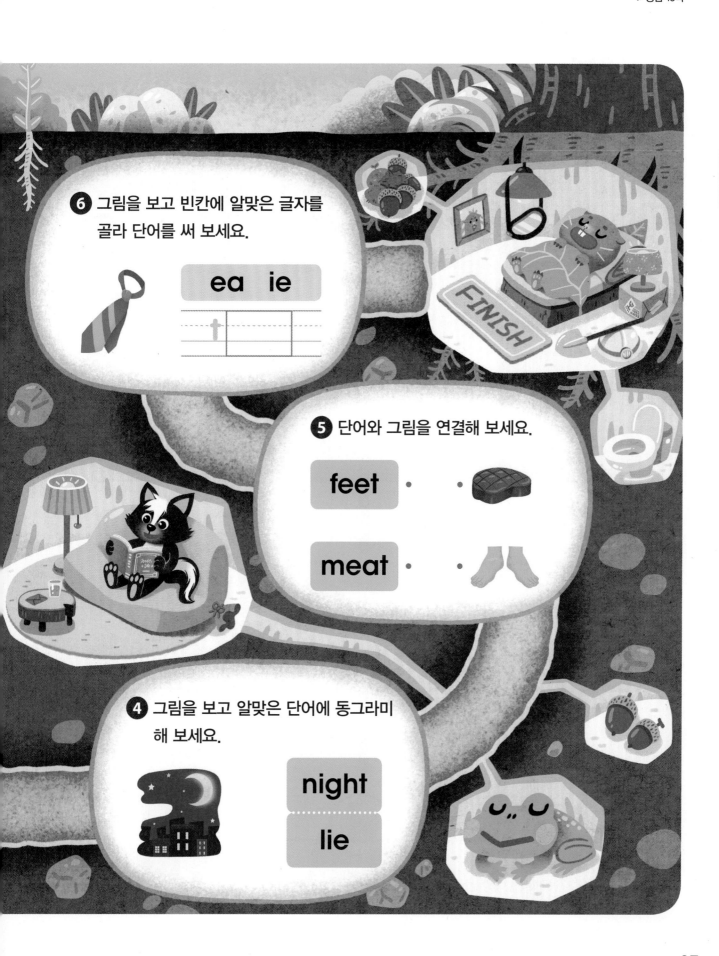

6 그림을 보고 빈칸에 알맞은 글자를 골라 단어를 써 보세요.

ea   ie

5 단어와 그림을 연결해 보세요.

feet ·

meat ·

4 그림을 보고 알맞은 단어에 동그라미 해 보세요.

night

lie

A 단어를 읽고 모음의 소리가 같으면 Yes, 다르면 No를 따라가 보세요.

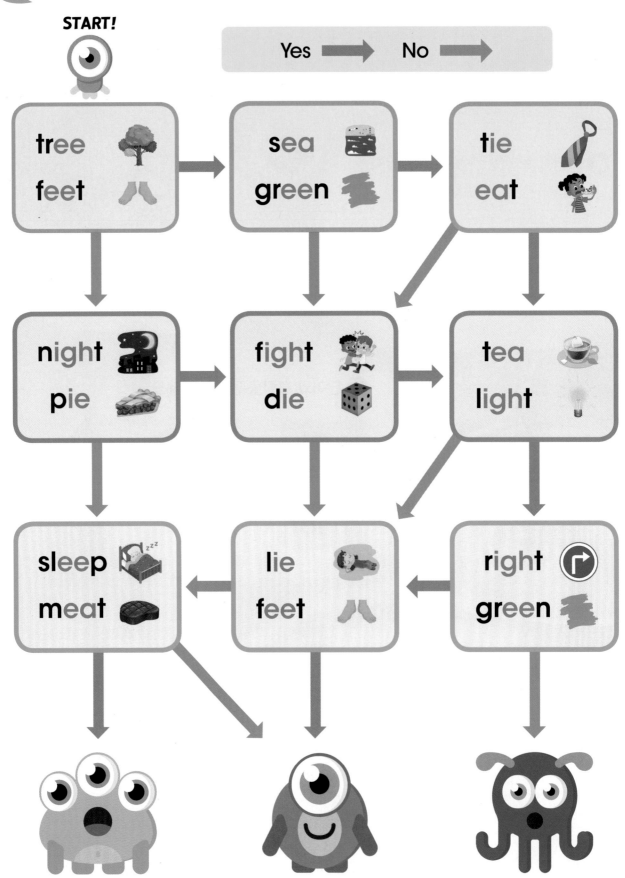

START!

Yes ⟹   No ⟹

| tree | sea | tie |
| feet | green | eat |

| night | fight | tea |
| pie | die | light |

| sleep | lie | right |
| meat | feet | green |

▶정답 16쪽

B 퍼즐 그림에 알맞은 단어를 찾아 연결해 보세요

①

②

2
주

sleep · sea · die · fight

③

④

A 초대장을 읽고 초대받은 동물을 찾아 동그라미 해 보세요.

내 파티에 초대할게!
파티는 이번 주 토요일 night에 할 거야.
green색의 옷을 입고 와.
내가 맛있는 meat와 tea를
준비해 놓을테니까
너는 pie를 가져와.

– 폴짝이가

❶　❷　❸　❹

B 선을 그어 미로를 통과하고, 지나간 단어들을 순서대로 써 보세요.

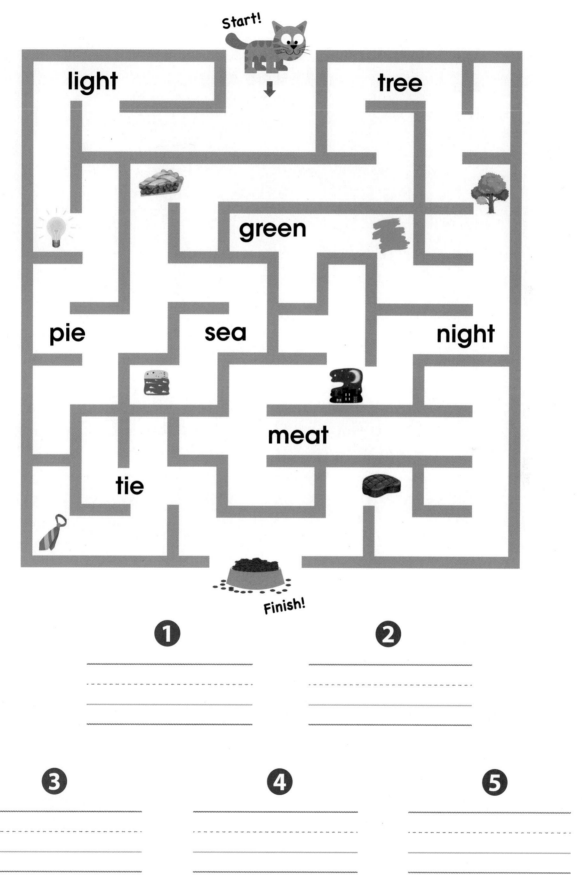

①

_____

_____

_____

②

_____

_____

_____

③

_____

_____

_____

④

_____

_____

_____

⑤

_____

_____

_____

이번 주에는 무엇을 배울까? ❶

1

모음들의 이름 소리를 찾아 줍니다!

이렇게 하면 장모음 소리 에너지를 금방 모을 수 있을 거야!

글쎄… 그럴 수 있을까?

a, e, i, o, u

2

/어/ /아/

내 말이 맞지? 저기 봐.

3

나도 찾고 싶어.

내 이름 소리 /오우/!

나도! 내 이름 소리 /우-/!

4

네 이름 소리는 /유-/잖아.

사실 나는 이름 소리가 두 개야. 어쩔 때는 /유-/, 어쩔 때는 /우-/!

5

그러니까 u 너의 이름 소리는 /유-/ 또는 /우-/!

그렇지!

oa와 ow는 /오우/소리, ui와 ue는 /우-/ 소리가 나요. 알맞은 스티커를 붙여 보세요.

sn ow

c oa t

Quiz

/오우/ 소리가 들어간 단어에 동그라미를, /우-/ 소리가 들어간 단어에 세모를 그려 보세요.

oa 소리 익히기

📖 oa가 단어 속에서 어떻게 소리 나는지 들어 보세요.

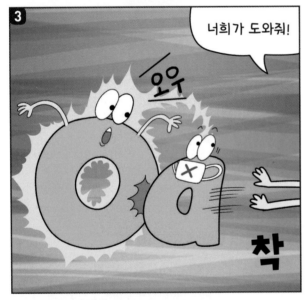

A oa의 소리를 듣고 따라 말해 보세요.

oa

오우

앞에 있는 o는
이름 소리 /오우/!
뒤에 있는 a는 쉿!

B oa 잘 듣고 따라 말하면서 oa의 단어를 익혀 보세요.

1

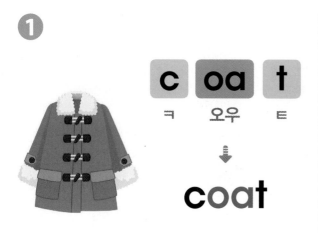

c oa t
ㅋ 오우 ㅌ
⬇
coat

2

b oa t
ㅂ 오우 ㅌ
⬇
boat

3

r oa d
뤄 오우 ㄷ
⬇
road

4

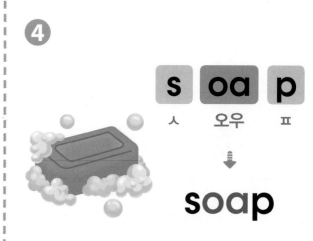

s oa p
ㅅ 오우 ㅍ
⬇
soap

① 코트 ② 배 ③ 도로 ④ 비누   Level 3A **97**

oa 단어 익히기 ①

 스티커를 붙인 후, 단어를 리듬에 맞춰 읽어 보세요.

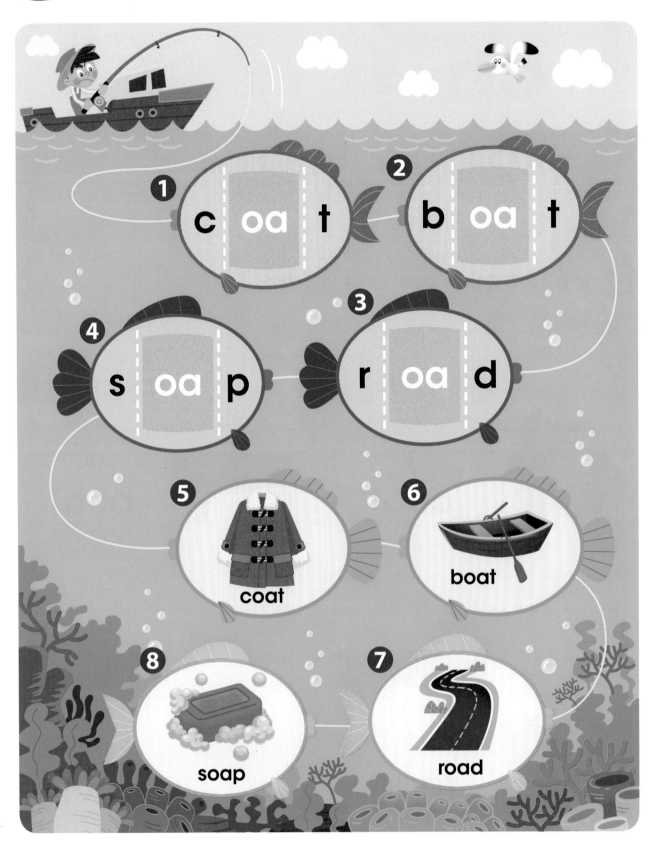

B 잘 듣고 알맞은 글자에 색칠한 후, 그림과 연결해 보세요.

1.

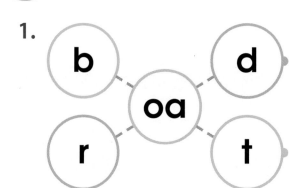

soap

2.

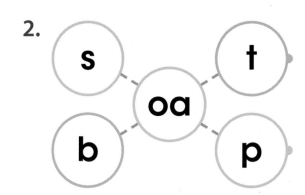

road

3.

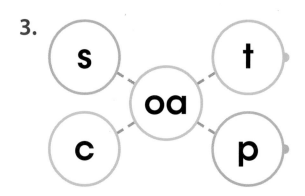

boat

4.

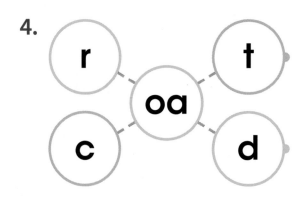

coat

oa 단어 익히기 ②

 그림을 보고 알맞은 단어에 동그라미 해 보세요.

1

soap　　road

2

boat　　coat

3

soap　　boat

4

road　　coat

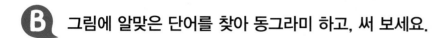

B 그림에 알맞은 단어를 찾아 동그라미 하고, 써 보세요.

1.

s o a p b o a t

2.

r o a d c o a t

3.

c o a t b o a t

4.

r o a d s o a p

복습
5.

f i g h t n i g h t

복습
6.

l i g h t r i g h t

101쪽의 단어들을 읽어보세요. Level 3A **101**

ow 소리 익히기

📖 ow가 단어 속에서 어떻게 소리 나는지 들어 보세요.

A ow의 소리를 듣고 따라 말해 보세요.

ow

오우

앞에 있는 o는
이름 소리 /오우/!
뒤에 있는 w는 쉿!

3
주

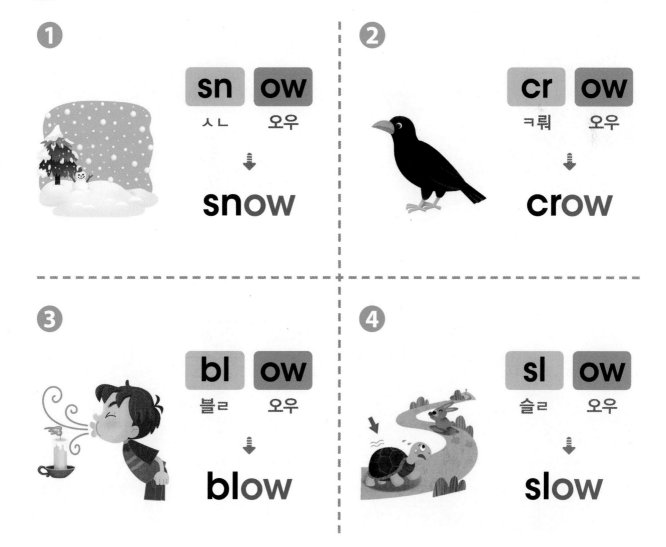 **B** 잘 듣고 따라 말하면서 ow의 단어를 익혀 보세요.

❶

sn **ow**
ㅅㄴ 오우
⬇
snow

❷

cr **ow**
ㅋ뤄 오우
⬇
crow

❸

bl **ow**
블ㄹ 오우
⬇
blow

❹

sl **ow**
슬ㄹ 오우
⬇
slow

① 눈 ② 까마귀 ③ 불다 ④ 느린   Level 3A **103**

ow 단어 익히기 ①

A 스티커를 붙인 후, 단어를 리듬에 맞춰 읽어 보세요.

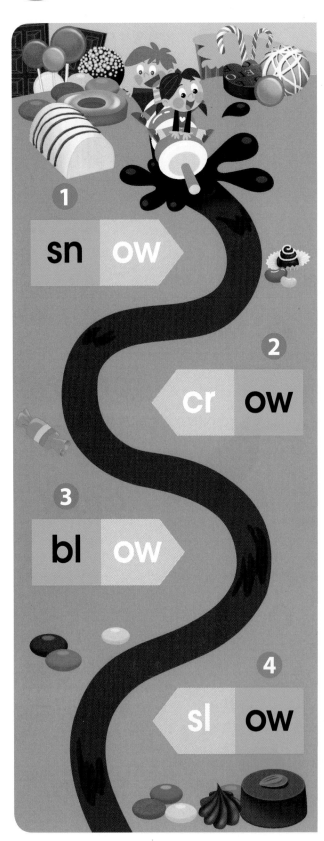

1 sn **ow**

2 cr **ow**

3 bl **ow**

4 sl **ow**

5 snow

6 crow

7 blow

8 slow

B 잘 듣고 알맞은 글자에 색칠한 후, 그림과 연결해 보세요.

1.

cr	ow
bl	

slow

2.

sn	ow
sl	

blow

3.

sl	ow
bl	

crow

4.

sn	ow
cr	

snow

ow 단어 익히기 ②

A 단어를 읽고 알맞은 그림과 연결해 보세요.

① snow

③ blow

② crow

④ slow

B 그림에 알맞은 단어를 찾아 동그라미 하고, 써 보세요.

1.

c r o w s l o w

_____

2.

s n o w b l o w

_____

3.

b l o w s l o w

_____

4.

s n o w c r o w

_____

복습
5.

r o a d c o a t

_____

복습
6.

b o a t s o a p

_____

107쪽의 단어들을 읽어 보세요.

ue 소리 익히기

 ue가 단어 속에서 어떻게 소리 나는지 들어 보세요.

A ue의 소리를 듣고 따라 말해 보세요.

ue

우-

앞에 있는 u는
이름 소리 /우-/!
뒤에 있는 e는 쉿!

3
주

B 잘 듣고 따라 말하면서 ue의 단어를 익혀 보세요.

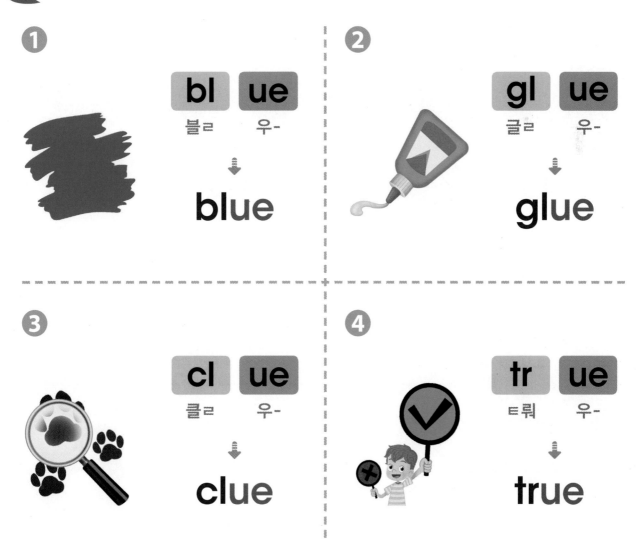

❶

bl **ue**
블ㄹ 우-
⬇
blue

❷

gl **ue**
글ㄹ 우-
⬇
glue

❸

cl **ue**
클ㄹ 우-
⬇
clue

❹

tr **ue**
트뤄 우-
⬇
true

① 파란색 ② (액체) 풀 ③ 단서 ④ 진실의, 사실의   Level 3A **109**

ue 단어 익히기 ①

A 스티커를 붙인 후, 단어를 리듬에 맞춰 읽어 보세요.

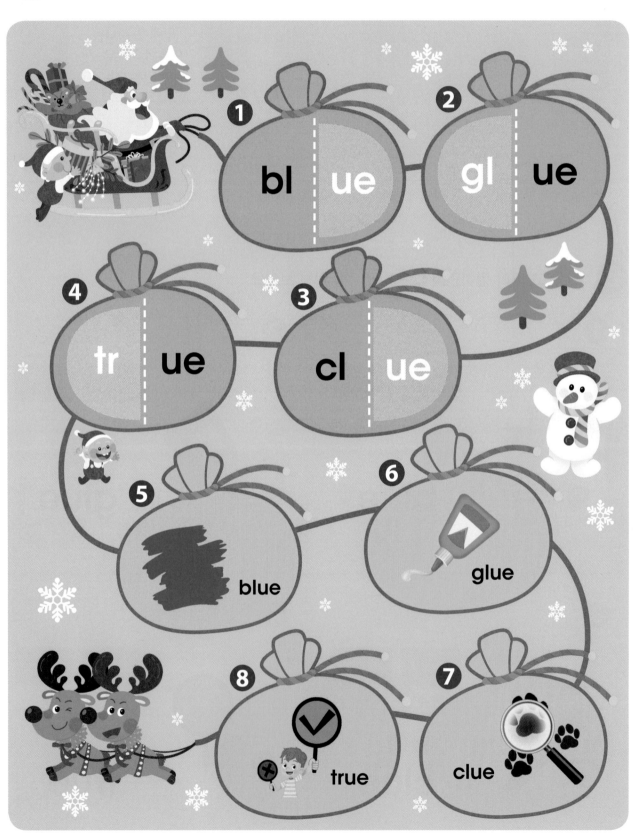

B 잘 듣고 알맞은 글자에 색칠한 후, 그림과 연결해 보세요.

1.

gl	
cl	ue

•

clue

2.

bl	
tr	ue

•

glue

3.

tr	
cl	ue

•

blue

4.

gl	
bl	ue

•

true

ue 단어 익히기 ②

A 그림을 보고 알맞은 단어에 동그라미 해 보세요.

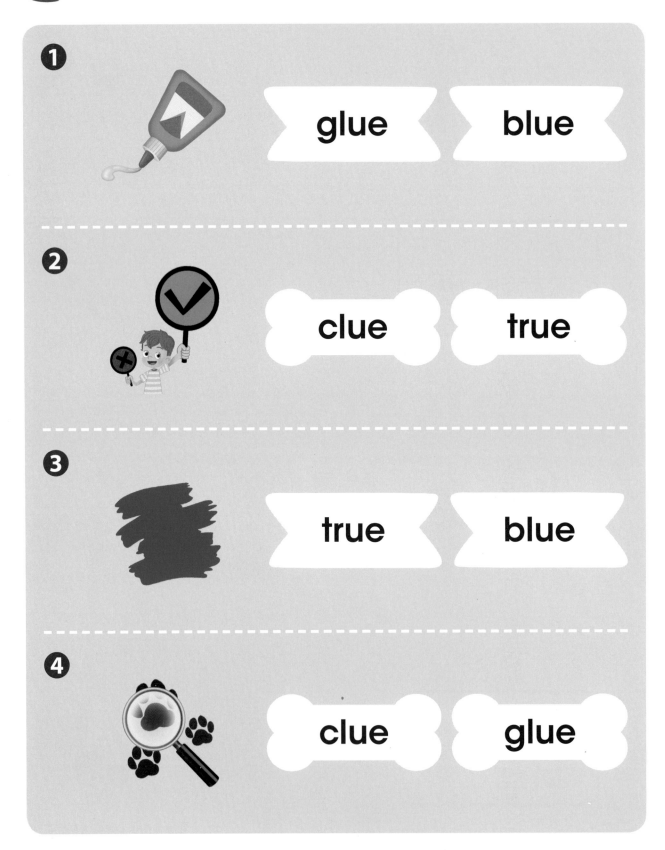

1
glue   blue

2
clue   true

3
true   blue

4
clue   glue

B 그림에 알맞은 단어를 찾아 동그라미 하고, 써 보세요.

1.

blueglue

2.

cluetrue

3.

clueblue

4.

trueglue

복습
5.

boatroad

복습
6.

slowsnow

113쪽의 단어들을 읽어 보세요.

ui 소리 익히기

📖 ui가 단어 속에서 어떻게 소리 나는지 들어 보세요.

1 릴리, 과일 가져왔어.
와, 맛있겠다!

2 오다가 누구 만났게?
모음 i랑 같이 왔구나!

3 내 이름 소리 찾았다!
우-ㅣ 우-ㅣ

4 과일 보니까 시원한 주스 마시고 싶다.

5 우-ㅣ\ 우-ㅣ\ 주-ㅅ\
juice
펑

6 juice 정말 맛있어!

7 juice 더 만들어 줘!

ui의 소리를 듣고 따라 말해 보세요.

ui

우-

앞에 있는 u는
이름 소리 /우-/!
뒤에 있는 i는 쉿!

3
주

 잘 듣고 따라 말하면서 ui의 단어를 익혀 보세요.

1

s	ui	t
ㅅ	우-	ㅌ

⬇

suit

2

fr	ui	t
ㅍ뤄	우-	ㅌ

⬇

fruit

3

j	ui	ce
ㅈ	우-	ㅅ

⬇

juice

4

cr	ui	se
ㅋ뤄	우-	ㄹㅈ

⬇

cruise

① 정장 ② 과일 ③ 주스 ④ 유람선 여행

ui 단어 익히기 ①

A 스티커를 붙인 후, 단어를 리듬에 맞춰 읽어 보세요.

1. s ui t
2. fr ui t
3. j ui ce
4. cr ui se

5. suit
6. fruit
7. juice
8. cruise

B 잘 듣고 알맞은 글자에 색칠한 후, 그림과 연결해 보세요.

1.
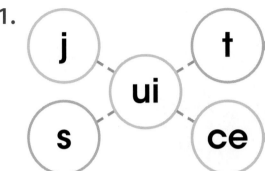

fruit

2.
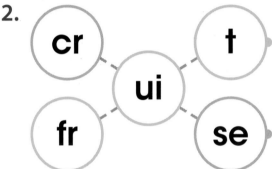

suit

3.
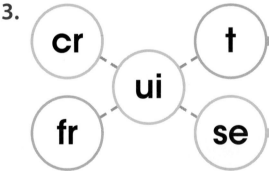

juice

4.
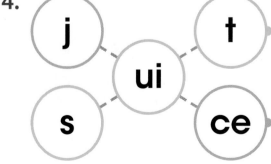

cruise

3
주

ui 단어 익히기 ②

A 단어를 읽고 알맞은 그림과 연결해 보세요.

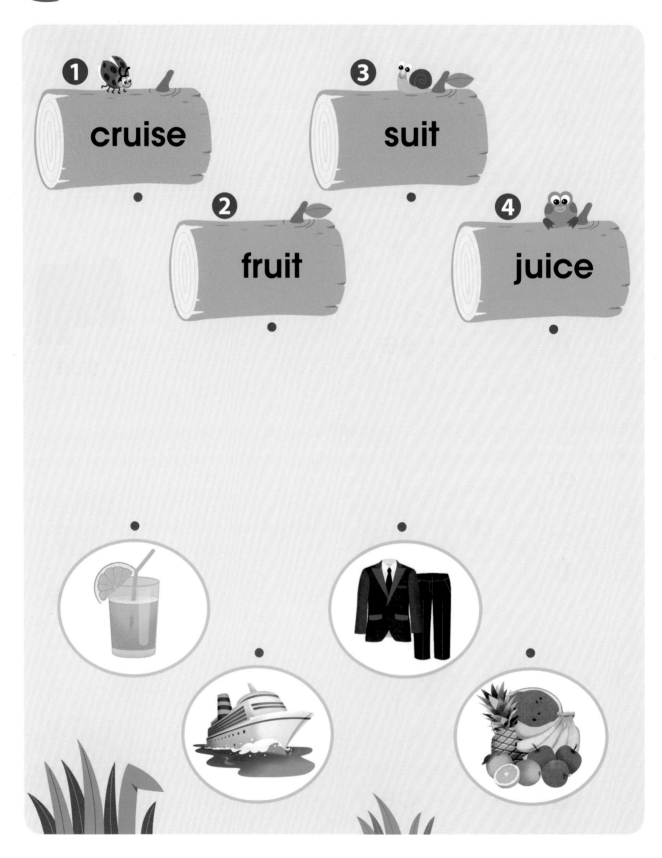

① cruise

② fruit

③ suit

④ juice

B 그림을 보고 글자를 알맞게 배열하여 단어를 써 보세요.

1.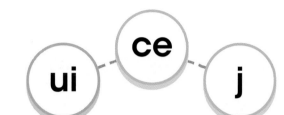

2.

3.

4.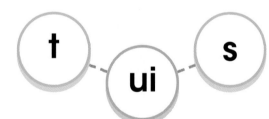

복습
5.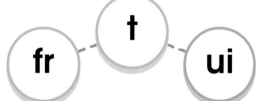

 119쪽의 단어들을 읽어 보세요. Level 3A **119**

장모음 o, u 복습 ①

1

 A 잘 듣고 알맞은 단어에 동그라미 해 보세요.

① blue
glue

② suit
juice

③ road
boat

④ snow
crow

⑤ true
fruit

▶정답 21쪽

B 잘 듣고 알맞은 글자와 그림을 연결해 보세요.

1.

| cl | ow |

2.

| bl | oat |

3.

| c | ue |

4.

| cr | ow |

5.

| sl | uise |

장모음 o, u 복습 ②

A 빈칸에 공통으로 들어갈 글자에 동그라미 해 보세요.

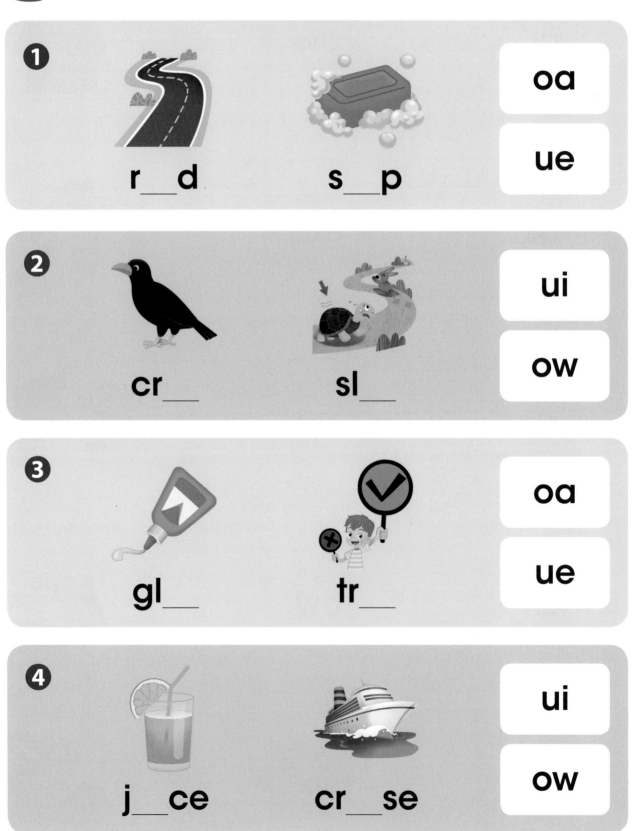

1 r__d s__p oa / ue

2 cr__ sl__ ui / ow

3 gl__ tr__ oa / ue

4 j__ce cr__se ui / ow

▶정답 22쪽

B 빈칸에 알맞은 글자를 찾아 쓰고, 단어를 읽어 보세요.

oa ow ue ui

1.

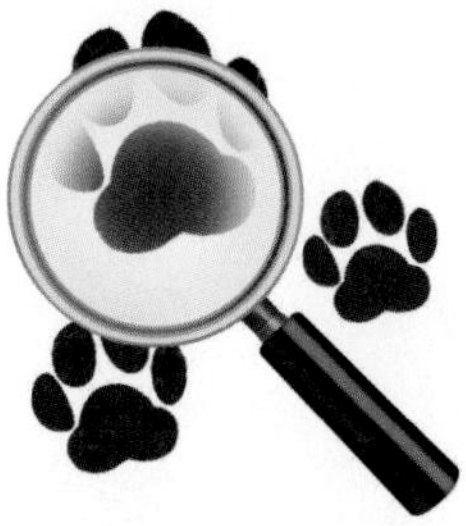

cl___

2.

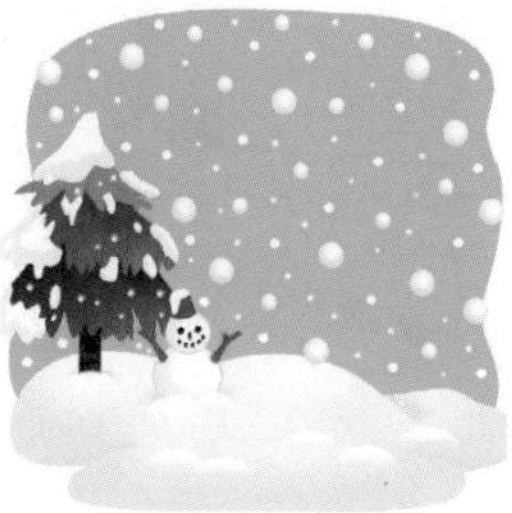

sn___

3.

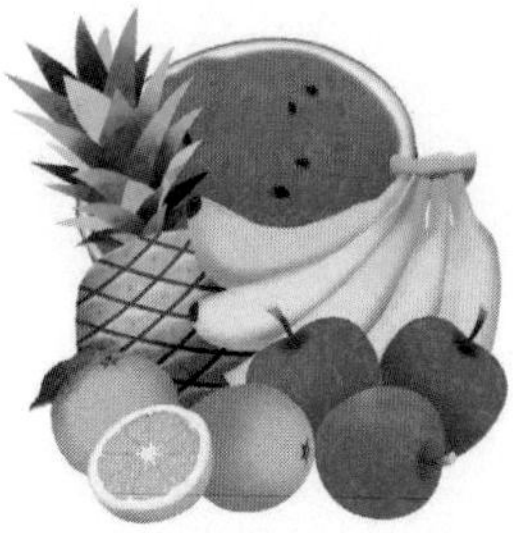

fr___t

4.

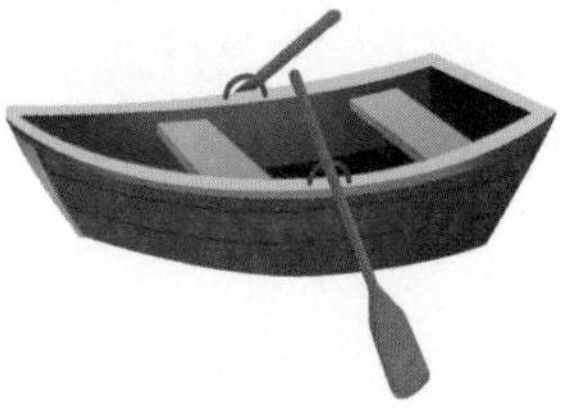

b___t

5.

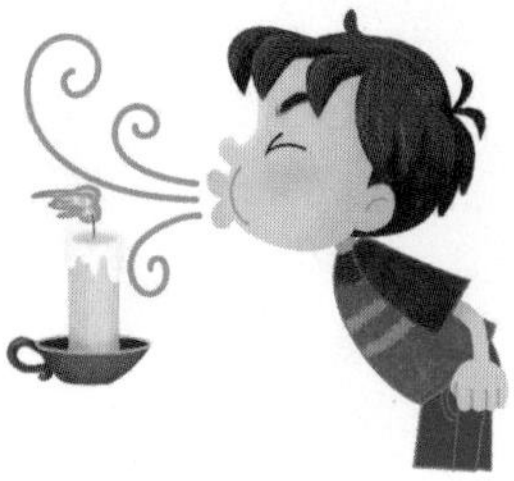

bl___

6.

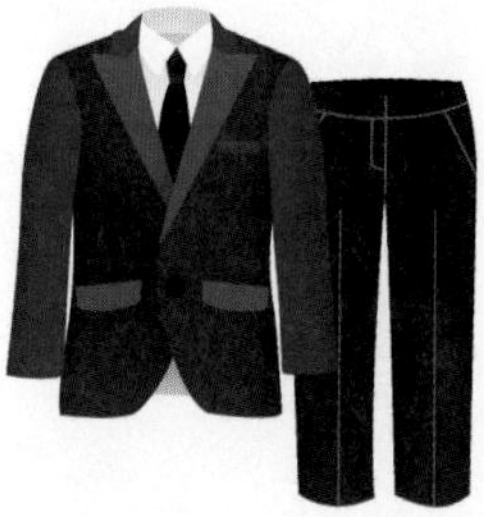

s___t

Story Time

A 이야기를 들으며 따라 읽어 보세요.

Wake up, Crow!

Here is your fruit juice.

Here is your blue coat.

There is snow everywhere!

Sight Word

▶정답 22쪽

your를 찾아라!

B your를 모두 찾아 큰 소리로 읽으며 색칠해 보세요.

- your는 '너의'라는 뜻이에요.
- your는 모두 몇 개인가요? _____개

A 잘 듣고 빈칸에 들어갈 글자에 동그라미 해 보세요.

1.

b__t

oa
ui

2.
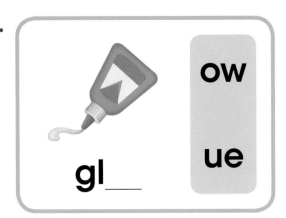

gl__

ow
ue

B 잘 듣고 그림에 알맞은 글자를 연결해 보세요.

1.

bl

uit

2.

cl

ue

3.

s

ow

단어를 읽고 알맞은 그림에 동그라미 해 보세요.

1. slow

2. coat

3. cruise

D 그림에 알맞은 글자를 골라 단어를 써 보세요.

1.

ui   ow

sn

2.

ue   oa

tr

Brain Game

🔀 고양이와 함께 길을 따라가며 퀴즈를 풀어 보세요.

START

❶ 빈칸에 ow가 들어가는 그림에 동그라미 해 보세요.

bl___   cl___

❷ 빈칸에 들어갈 글자가 같으면 ○표, 다르면 ×표를 해 보세요.

fr___t   s___t

❸ 그림을 보고 글자를 연결해 보세요.

r ·

· oad

· uit

④ 그림을 보고 알맞은 단어에 동그라미 해 보세요.

soap

juice

⑤ 단어와 그림을 연결해 보세요.

crow ·

blue ·

⑥ 그림을 보고 빈칸에 알맞은 글자를 골라 단어를 써 보세요.

ow   ue

tr

3
주

A 지워진 부분에 들어갈 글자를 찾아 동그라미 해 보세요.

❶

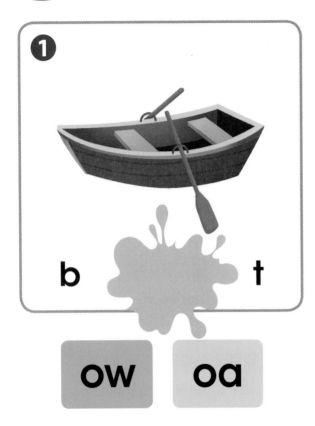

b ⬤ t

| ow | oa |

❷

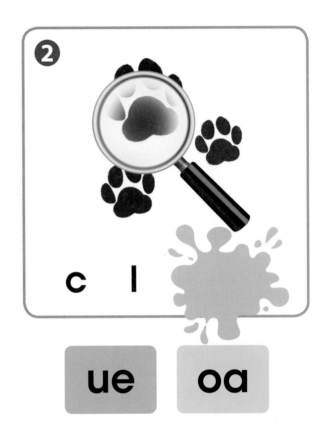

c l

| ue | oa |

❸

c r ⬤ s e

| ui | ue |

❹

s l

| ui | ow |

▶정답 24쪽

B 단어를 읽고 숨은 그림을 찾아 동그라미 해 보세요.

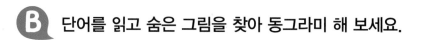

coat   soap   crow   glue   juice

A 빈칸에 들어갈 글자에 동그라미 한 다음, 단어 순서대로 길을 따라가 보세요.

blow 〉 true 〉 juice 〉 coat 〉 blue

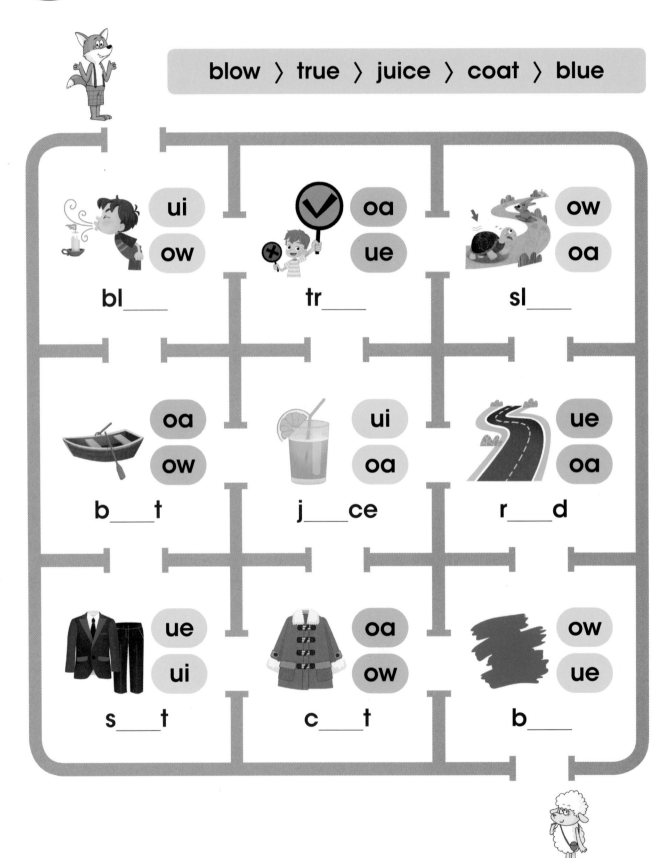

bl____   ui / ow

tr____   oa / ue

sl____   ow / oa

b____t   oa / ow

j____ce   ui / oa

r____d   ue / oa

s____t   ue / ui

c____t   oa / ow

b____   ow / ue

▶정답 24쪽

B 그림 조각을 바르게 배열하면 나오게 될 단어를 써 보세요.

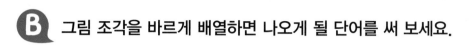

clue   road   crow   fruit

이번 주에는 무엇을 배울까? ❶

4주

◉ 장모음 /에이/, /이-/, /아이/, /오우/, /우-/ 소리가 나는 글자에 스티커를 붙여 보세요.

장모음 a 소리 익히기

📖 장모음 a가 단어 속에서 어떻게 소리 나는지 들어 보세요.

A 장모음 a의 소리를 듣고 따라 말해 보세요.

4
주

	①	②
a_e 에이	 **cake** ㅋ 에이 ㅋ	 **snake** ㅅㄴ 에이 ㅋ

---

	③	④
ai 에이	 **mail** ㅁ 에이 울	 **snail** ㅅㄴ 에이 울

---

	⑤	⑥
ay 에이	 **day** ㄷ 에이	 **play** 플ㄹ 에이

(① 케이크 ② 뱀 ③ 우편 ④ 달팽이 ⑤ 낮 ⑥ 놀다, (게임, 놀이를) 하다) Level 3A **139**

장모음 a 단어 익히기 ①

A 스티커를 붙인 후, 단어를 리듬에 맞춰 읽어 보세요.

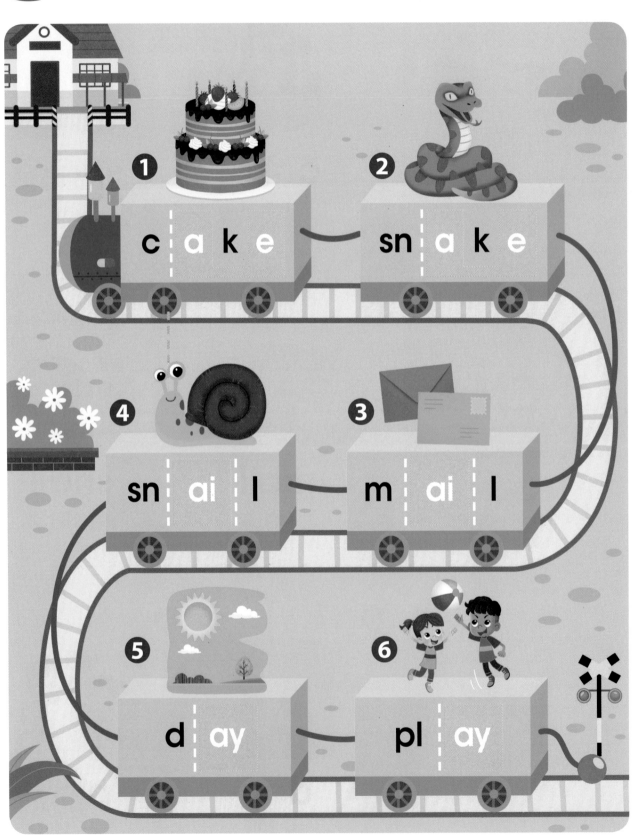

▶정답 25쪽

B 잘 듣고 빈칸에 들어갈 글자를 동그라미 해 보세요.

❶
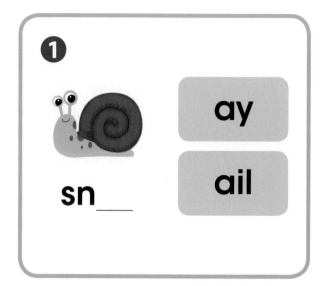

sn___

ay

ail

❷
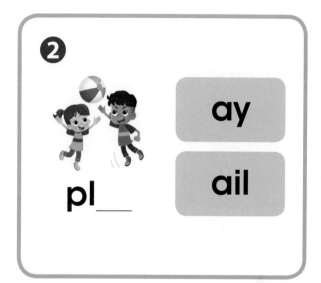

pl___

ay

ail

❸
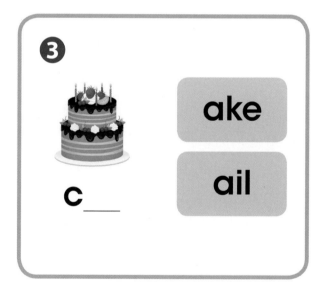

c___

ake

ail

❹
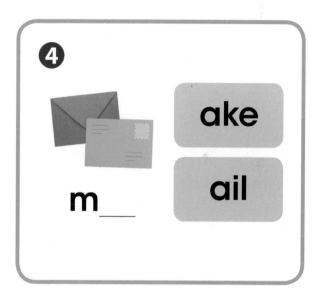

m___

ake

ail

❺

sn___

ay

ake

❻

d___

ay

ake

장모음 a 단어 익히기 ②

A 단어를 읽고 알맞은 그림과 연결해 보세요.

① snail

② cake

③ play

④ mail

⑤ day

⑥ snake

B 그림에 알맞은 단어를 찾아 동그라미 하고, 써 보세요.

1.

daysnake

_____

2.

playsnail

_____

3.

mailtray

_____

4.

raincake

_____

복습
5.

claysnail

_____

복습
6.

daysame

_____

143쪽의 단어들을 읽어 보세요. Level 3A **143**

장모음 e 소리 익히기

 장모음 e가 단어 속에서 어떻게 소리 나는지 들어 보세요.

B 잘 듣고 빈칸에 들어갈 글자를 동그라미 해 보세요.

① sh___ eep / ead

② r___ eep / ead

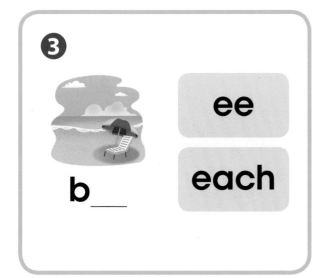

③ b___ ee / each

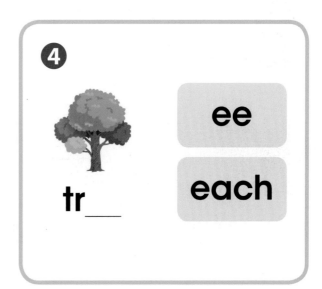

④ tr___ ee / each

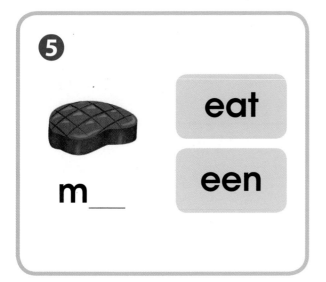

⑤ m___ eat / een

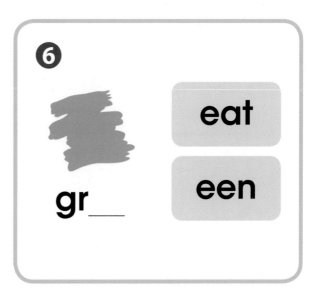

⑥ gr___ eat / een

장모음 e 단어 익히기 ②

A 단어를 읽고 알맞은 그림과 연결해 보세요.

① green

② meat

③ tree

④ beach

⑤ sheep

⑥ read

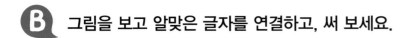

B 그림을 보고 알맞은 글자를 연결하고, 써 보세요.

1.

sh | een

2.

tr | ee

4
주

3.

gr | eep

4.

m | ead

5.

r | eat

장모음 i 소리 익히기

📖 장모음 i가 단어 속에서 어떻게 소리 나는지 들어 보세요.

A 장모음 i의 소리를 듣고 따라 말해 보세요.

아이

1

five

f ㅍ 아이 ᵛㅂ

2

hive

ㅎ 아이 ᵛㅂ

---

ie

아이

3

pie

ㅍ 아이

4

tie

ㅌ 아이

---

igh

아이

5

high

ㅎ 아이

6

night

ㄴ 아이 ㅌ

장모음 i 단어 익히기 ①

A 스티커를 붙인 후, 단어를 리듬에 맞춰 읽어 보세요.

B 잘 듣고 빈칸에 들어갈 글자를 동그라미 해 보세요.

①

h___

ive

igh

②

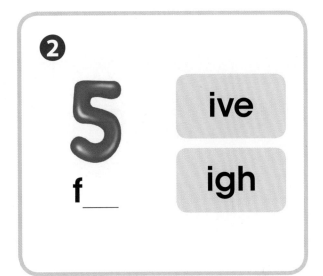

f___

ive

igh

③

t___

ie

ive

④

h___

ie

ive

⑤

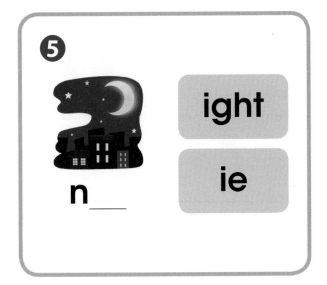

n___

ight

ie

⑥

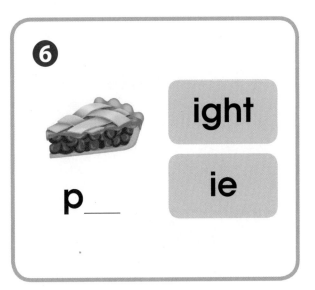

p___

ight

ie

장모음 i 단어 익히기 ②

A 단어를 읽고 알맞은 그림과 연결해 보세요.

① high ·

② tie ·

③ hive ·

④ pie ·

⑤ five ·

⑥ night ·

B 그림에 알맞은 단어를 찾아 동그라미 하고 써 보세요

1.

hivetie

2.

liefive

3.

lightpie

4.

dienight

5.

highfive

6.

fighttie

155쪽의 단어들을 읽어 보세요.

장모음 o, u 소리 익히기

📖 장모음 o와 u가 단어 속에서 어떻게 소리 나는지 들어 보세요.

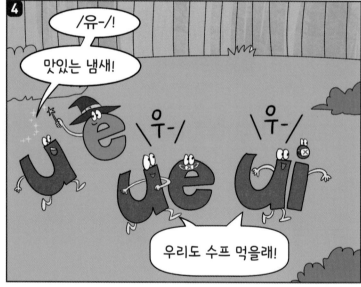

A 장모음 o와 u의 소리를 듣고 따라 말해 보세요.

o_e, oa, ow	u_e / ue, ui
오우	유- 우-

1

home
ㅎ 오우 음

4

cube {유-}
ㅋ 유- ㅂ

2

goat
ㄱ 오우 ㅌ

5

blue {우-}
블ㄹ 우-

3

bowl
ㅂ 오우 울

6

fruit {우-}
ᶠ프뤄 우- ㅌ

① 집 ② 염소 ③ (우묵한) 그릇 ④ 정육면체 ⑤ 파란색 ⑥ 과일

4
주

장모음 o, u 단어 익히기 ①

A 스티커를 붙인 후, 단어를 리듬에 맞춰 읽어 보세요.

1 h o m e

2 g oa t

4 c u b e

3 b ow l

5 bl ue

6 fr ui t

B 잘 듣고 빈칸에 들어갈 글자를 동그라미 해 보세요.

❶
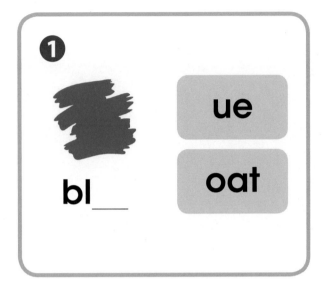

bl___

ue

oat

❷
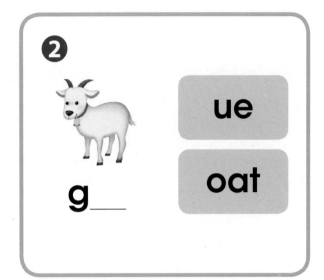

g___

ue

oat

❸
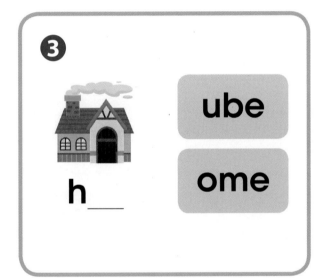

h___

ube

ome

❹
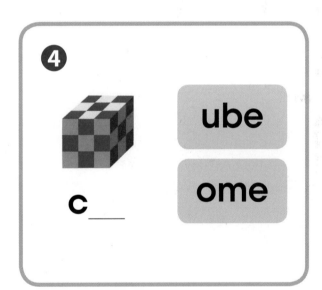

c___

ube

ome

❺

fr___

owl

uit

❻
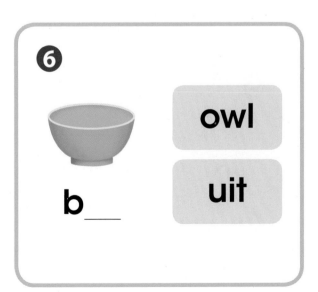

b___

owl

uit

4
주

장모음 o, u 단어 익히기 ②

 A 단어를 읽고 알맞은 그림과 연결해 보세요.

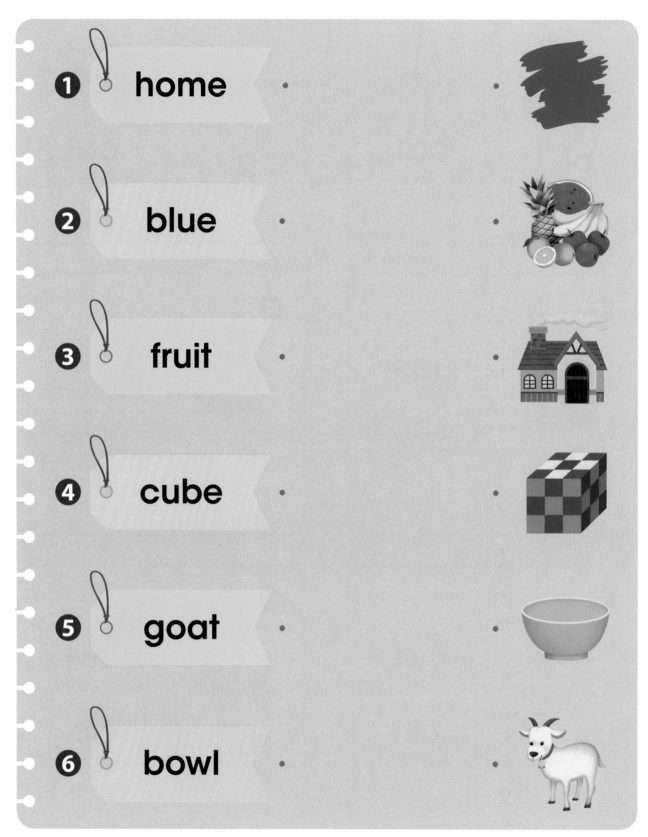

1 home

2 blue

3 fruit

4 cube

5 goat

6 bowl

▶정답 29쪽

B 그림을 보고 알맞은 글자를 연결하고, 써 보세요.

1.    c   oat

2.    g   ube

3.    b   ome

4.    fr   owl

5.    h   uit

161쪽의 단어들을 읽어 보세요. Level 3A **161**

장모음 복습 ①

A 잘 듣고 알맞은 단어에 동그라미 해 보세요.

1 5 five / pie

2 goat / home

3 cube / blue

4 cake / mail

5 tree / read

B 잘 듣고 모음의 소리가 같은 것끼리 연결해 보세요.

1.
bowl

hive

장모음
e

2.
night

goat

장모음
o

3.
sheep

beach

장모음
i

4.
snail

blue

장모음
u

5.
fruit

day

장모음
a

4
주

장모음 복습 ②

A 단어를 읽고 모음의 소리가 같은 두 개를 골라 동그라미 해 보세요.

① fruit   snake   blue

② green   read   night

③ bowl   mail   cake

④ tie   sheep   five

⑤ goat   home   cube

B 빈칸에 알맞은 글자를 찾아 쓰고, 단어를 읽어 보세요.

| ai ay ea igh oa ue |

1.

m ☐ t

2.

sn ☐ l

3.

g ☐ t

4.

bl ☐

5.

h ☐

6.

d ☐

Story Time

3

 이야기를 들으며 따라 읽어 보세요.

1
Sheep **and** Goat **are** at the beach.

2
They play in the blue sea.

3
They read under the tree.

4
They find a hive.

Oh no!

Sight Word

they를 찾아라!

B they를 모두 찾아 큰 소리로 읽으며 동그라미 해 보세요.

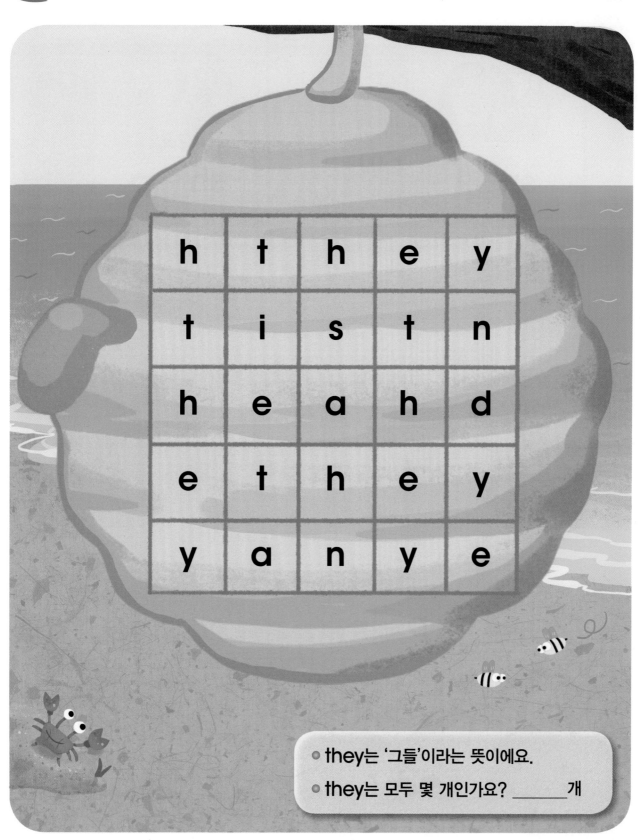

h	t	h	e	y
t	i	s	t	n
h	e	a	h	d
e	t	h	e	y
y	a	n	y	e

- they는 '그들'이라는 뜻이에요.
- they는 모두 몇 개인가요? _____개

누구나 **100**점 TEST

A 잘 듣고 빈칸에 들어갈 글자에 동그라미 해 보세요.

1.

sn__l

ai
ow

2.

sh__p

igh
ee

B 잘 듣고 그림에 알맞은 글자를 연결해 보세요.

1.

bl

ie

2.

p

ue

3.

tr

ee

C 단어를 읽고 알맞은 그림에 동그라미 해 보세요.

1. **fruit**

2. **goat**

3. **day**

4
주

D 그림에 알맞은 글자를 골라 단어를 써 보세요.

1.

2.

ea   ie

ui   ow

🎵 튜브를 타고 워터 슬라이드를 따라 내려가며 퀴즈를 풀어 보세요.

❶ 빈칸에 igh가 들어가는 그림에 동그라미 해 보세요.

gr＿＿　　　h＿＿

❷ 빈칸에 들어갈 글자가 같으면 ○표, 다르면 ×표를 해 보세요.

d＿＿　　fr＿＿t

❸ 그림을 보고 글자를 연결해 보세요.

t ·

· ie

· ue

▶정답 31쪽

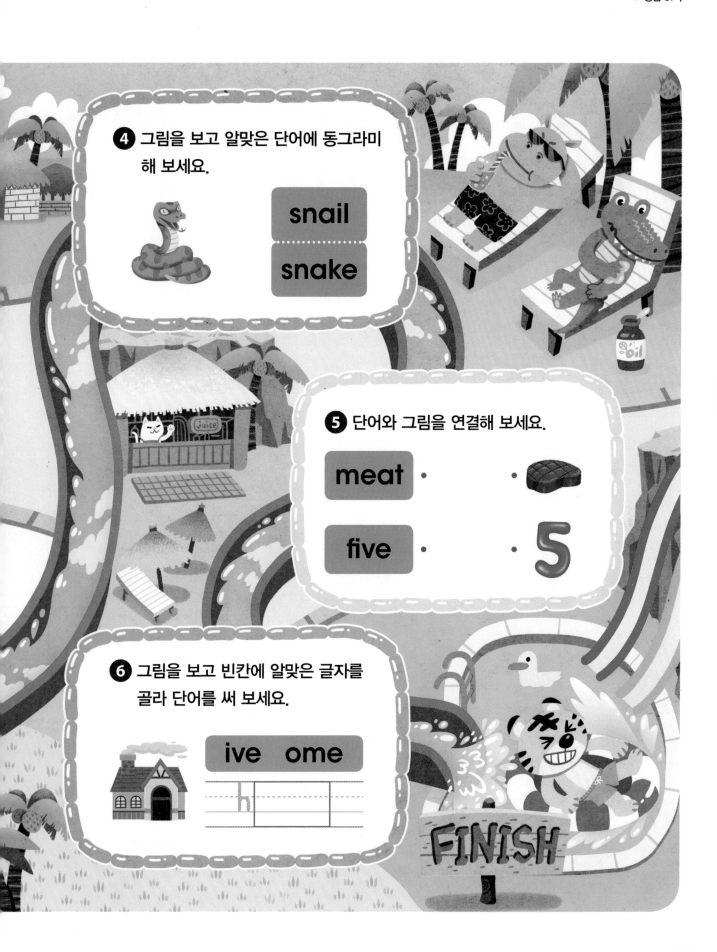

4 그림을 보고 알맞은 단어에 동그라미 해 보세요.

snail
snake

5 단어와 그림을 연결해 보세요.

meat ·

five ·

· 5

6 그림을 보고 빈칸에 알맞은 글자를 골라 단어를 써 보세요.

ive   ome

h

FINISH

창의·융합·코딩 ②

A 그림을 보고 클레이를 알맞은 병에 연결하여 담아 보세요.

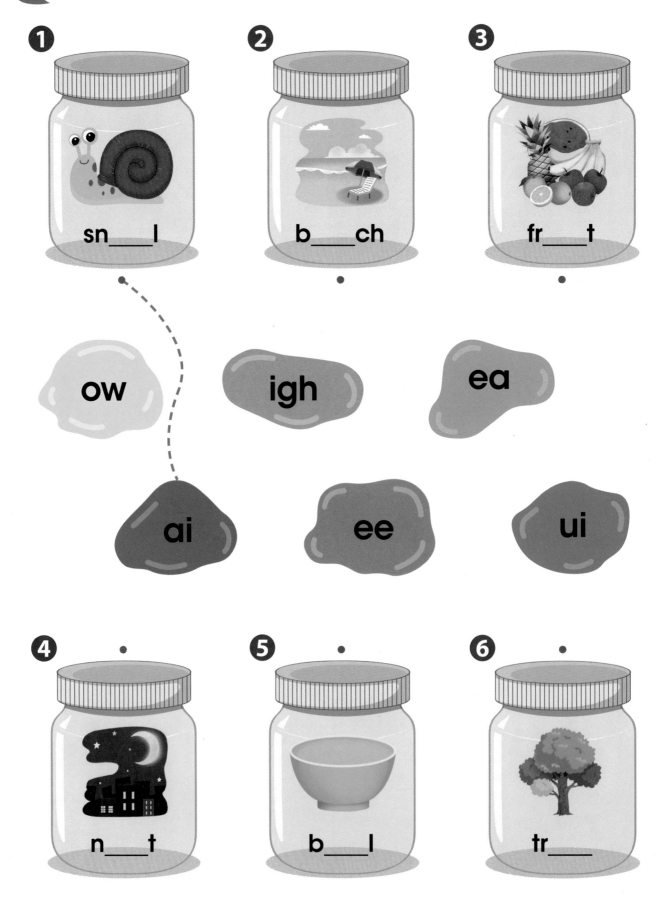

❶ sn___l

❷ b___ch

❸ fr___t

ow

igh

ea

ai

ee

ui

❹ n___t

❺ b___l

❻ tr___

B 하마와 곰이 퀴즈 놀이를 하고 있어요. 빈칸에 들어갈 모음의 글자를 쓴 다음, 곰이 생각한 단어를 찾아 동그라미 해 보세요.

매직 e가 들어가?

아니.

/이-/ 소리가 들어가?

아니.

동물이야?

아니.

ay로 끝나?

응, 맞아!

ay ea i_e oa

h__v__

d___

r___d

g___t

A 힌트를 이용하여 암호로 쓴 단어를 완성하고, 해당하는 그림에 동그라미 해 보세요.

힌트

a	b	c	d	e	f	g	h	i
🍎	⚽	🧁	🐺	🥚	🌀	🎁	🏪	🍦

j	k	l	m	n	o	p	q	r
🍷	🥝	🌿	🍼	🦌	🍒	🍕	?	🤖

s	t	u	v	w	x	y	z	
☀	🚁	☂	🚚	💧	📦	⛵	0	

❶ 🧁 🍎 🥝 🥚 ➡ ___ ___ ___ ___

❷ 🏪 🍦 🎁 🏪 ➡ ___ ___ ___ ___

❸ ⚽ 🌿 ☂ 🥚 ➡ ___ ___ ___ ___

▶정답 32쪽

 **B** 길을 따라가서 나오는 단어를 쓰고, 알맞은 스티커를 붙여 보세요.

1

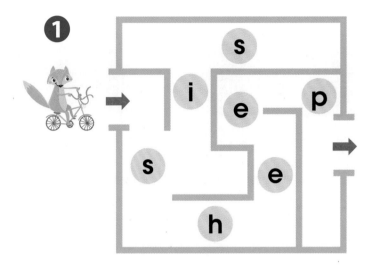
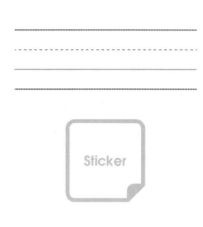

Sticker

2

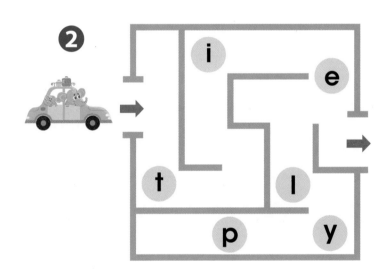

Sticker

3

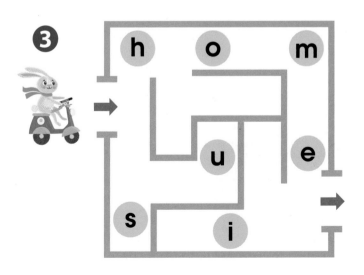

Sticker

1주 1일

 bag ☐  big ☐  vet ☐   hot ☐   hut ☐

1주 2일

 same ☐   time ☐   note ☐   cute ☐

1주 3일

 mail ☐   tail ☐   rain ☐  train ☐

1주 4일

 clay ☐   play ☐   gray ☐  tray ☐

2주 1일

| tree ☐ | feet ☐ | sleep ☐ | green ☐ |

2주 2일

| tea ☐ | sea ☐ | eat ☐ | meat ☐ |

2주 3일

| pie ☐ | tie ☐ | die ☐ | lie ☐ |

2주 4일

| light ☐ | night ☐ | right ☐ | fight ☐ |

읽을 수 있는 단어에 ✔표 해 보세요.

3주 1일

coat ☐   boat ☐   road ☐   soap ☐

3주 2일

snow ☐   crow ☐   blow ☐   slow ☐

3주 3일

blue ☐   glue ☐   clue ☐   true ☐

3주 4일

suit ☐   fruit ☐   juice ☐   cruise ☐

4주 1일

cake ☐	snake ☐
mail ☐	snail ☐
day ☐	play ☐

4주 2일

tree ☐	green ☐
sheep ☐	meat ☐
read ☐	beach ☐

4주 3일

five ☐	hive ☐
pie ☐	tie ☐
high ☐	night ☐

4주 4일

home ☐	goat ☐
bowl ☐	cube ☐
blue ☐	fruit ☐

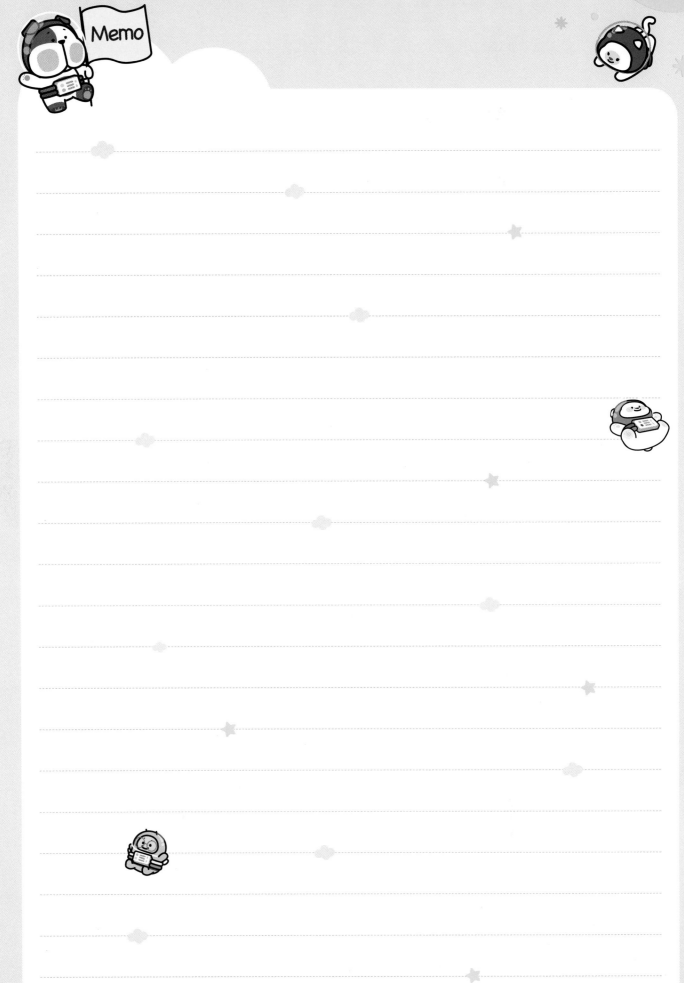

Memo

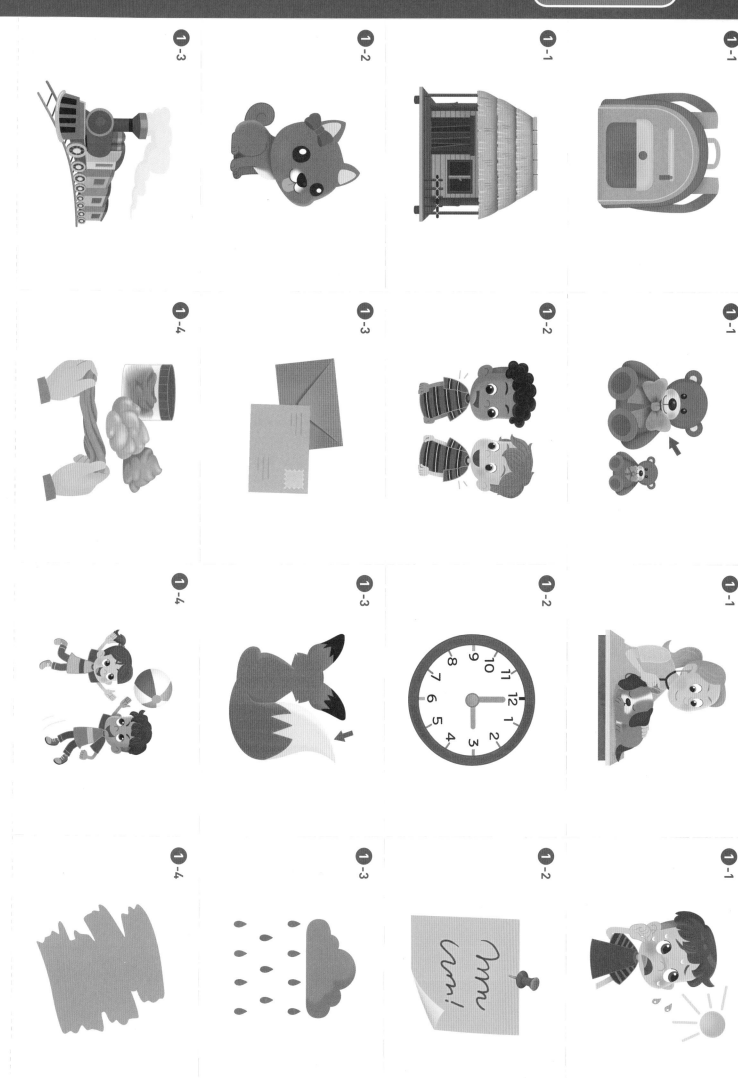

bag	big	vet	hot
hut	same	time	note
cute	mail	tail	rain
train	clay	play	gray

sleep	feet	tree	tray
eat	sea	tea	green
die	tie	pie	meat
right	night	light	lie

fight	coat	boat	road
soap	snow	crow	blow
slow	blue	glue	clue
true	suit	fruit	juice

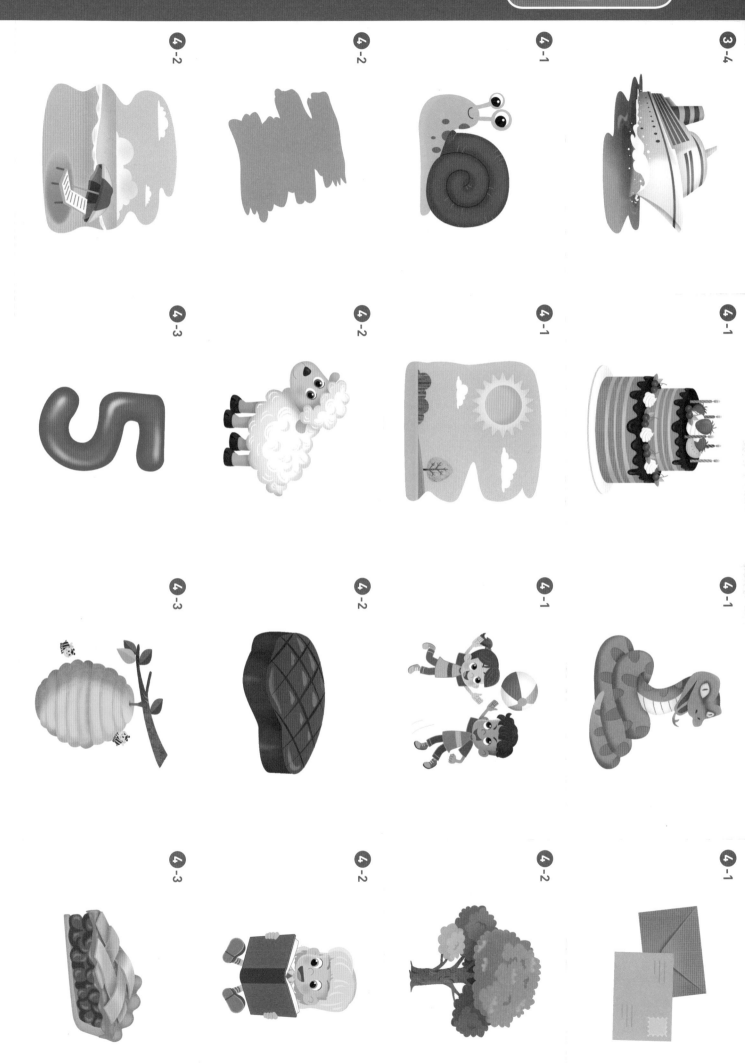

cruise

snail

green

beach

cake

day

sheep

five

snake

play

meat

hive

mail

tree

read

pie

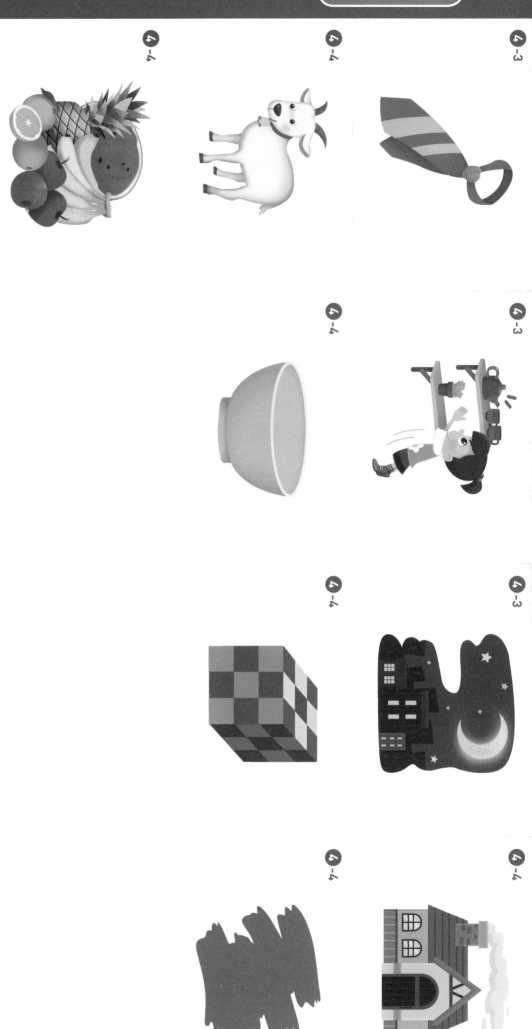

4-4

4-4

4-3

4-4

4-3

4-4

4-3

4-4

4-4

tie

goat

fruit

high

bowl

night

cube

home

blue

1주 1일 10~11쪽

a　ai　ay　a⎵e

1주 1일 14쪽

a　e　i　o　u

1주 2일 20쪽

a⎵e

i⎵e

o⎵e

u⎵e

1주 3일 26쪽

ai　ai　ai　ai

1주 4일 32쪽

pl　ay　gr　ay

1주 5일 49쪽

2주 1일 52~53쪽

ee　ea

ie　igh

2주 1일 56쪽

ee　ee　ee　ee

2주 2일 62쪽

s ea ea ea

2주 3일 68쪽

t ie l ie

2주 4일 74쪽

igh igh

igh igh

3주 1일 94~95쪽

ue ui oa ow

3주 1일 98쪽

oa oa oa oa

3주 2일 104쪽

cr ow

sl ow

3주 3일 110쪽

gl ue tr ue

3주 4일 116쪽

ui ui ui ui

4주 1일 136~137쪽

ai	ee	ea	ie	igh

ow	ue

4주 1일 140쪽

a	e	ai	ay
a	e	ai	ay

4주 2일 146쪽

ee	ea
ee	ea
ee	ea

4주 3일 152쪽

i	e	ie	igh
i	e	ie	igh

4주 5일 175쪽

4주 4일 158쪽

o	e	oa	ue

u	e	ow	ui

친절한 말은 아주 짧기 때문에
말하기가 쉽다.

하지만 그 말의 메아리는 무궁무진하게
울려 퍼지는 법이다.

Kind words can be short and easy to speak,
but their echoes are truly endless.

테레사 수녀

친절한 말, 따뜻한 말 한마디는 누군가에게 커다란 힘이 될 수도 있어요.
나쁜 말 대신 좋은 말을 하게 되면 언젠가 나에게 보답으로 돌아온답니다.
앞으로 나쁘고 거친 말 대신 좋고 예쁜 말만 쓰기로 우리 약속해요!

뭘 좋아할지 몰라 다 준비했어♥
전과목 교재

전과목 시리즈 교재

●무등생 해법시리즈

– 국어/수학	1~6학년, 학기용
– 사회/과학	3~6학년, 학기용
– 봄·여름/가을·겨울	1~2학년, 학기용
– SET(전과목/국수, 국사과)	1~6학년, 학기용

●무등생 전과

– 국어/수학/봄·여름(1학기)/가을·겨울(2학기)	1~2학년, 학기용
– 국어/수학/사회/과학	3~6학년, 학기용

●똑똑한 하루 시리즈

– 똑똑한 하루 독해	예비초~6학년, 총 14권
– 똑똑한 하루 글쓰기	예비초~6학년, 총 14권
– 똑똑한 하루 어휘	예비초~6학년, 총 14권
– 똑똑한 하루 수학	1~6학년, 학기용
– 똑똑한 하루 계산	1~6학년, 학기용
– 똑똑한 하루 사고력	1~6학년, 학기용
– 똑똑한 하루 도형	1~6단계, 총 6권
– 똑똑한 하루 사회/과학	3~6학년, 학기용
– 똑똑한 하루 Voca	3~6학년, 학기용
– 똑똑한 하루 Reading	초3~초6, 학기용
– 똑똑한 하루 Grammar	초3~초6, 학기용
– 똑똑한 하루 Phonics	예비초~초등, 총 8권

영어 교재

●초등영어 교과서 시리즈

파닉스(1~4단계)	3~6학년, 학년용
회화(입문1~2, 1~6단계)	3~6학년, 학기용
영단어(1~4단계)	3~6학년, 학년용

●셀파 English(어휘/회화/문법)	3~6학년
●Reading Farm(Level 1~4)	3~6학년
●Grammar Town(Level 1~4)	3~6학년
●LOOK BOOK 영단어	3~6학년, 단행본
●원서 읽는 LOOK BOOK 영단어	3~6학년, 단행본
●멘토 Story Words	2~6학년, 총 6권

똑똑한

하루
Phonics

정답 ✧

3 A
장모음

천재교육

book.chunjae.co.kr

10~11쪽

1주 미리보기

1주 이번 주에는 무엇을 배울까? ②

a_e, ai, ay는 /에이/ 소리가 나요. 알맞은 스티커를 붙여 보세요.

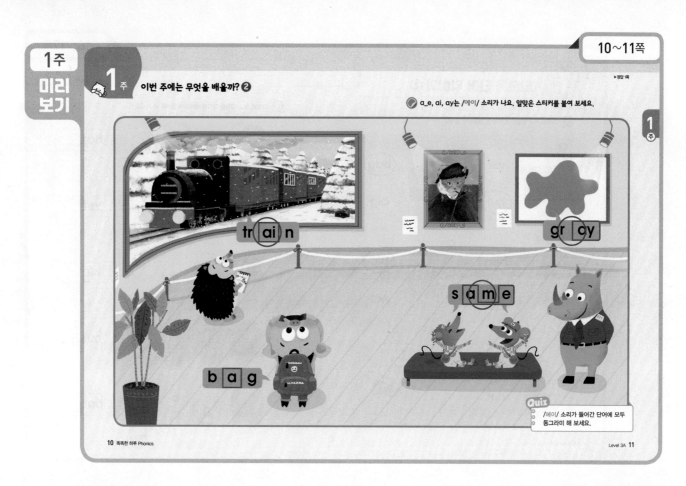

tr(ai)n

gr(ay)

s(a)m(e)

b a g

Quiz
/에이/ 소리가 들어간 단어에 모두 동그라미 해 보세요.

10 똑똑한 하루 Phonics

Level 3A 11

14~15쪽

1주 1일

1일 PHONICS 단모음 **단어 익히기** ①

▶정답 1쪽

A 스티커를 붙인 후, 단어를 리듬에 맞춰 읽어 보세요.

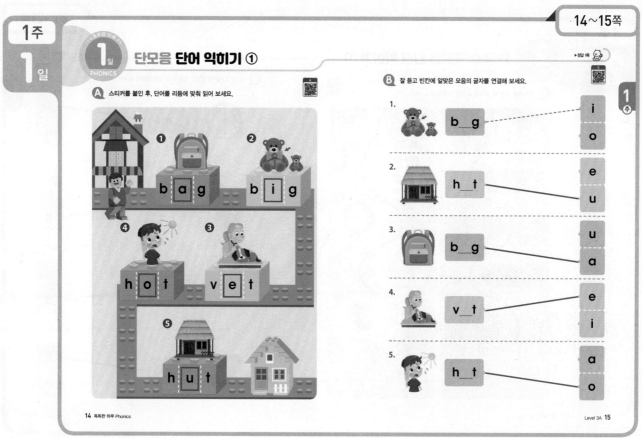

① b a g
② b i g
④ h o t
③ v e t
⑤ h u t

B 잘 듣고 빈칸에 알맞은 모음의 글자를 연결해 보세요.

1. b_g — i / o
2. h_t — e / u
3. b_g — u / a
4. v_t — e / i
5. h_t — a / o

14 똑똑한 하루 Phonics

Level 3A 15

Phonics 정답

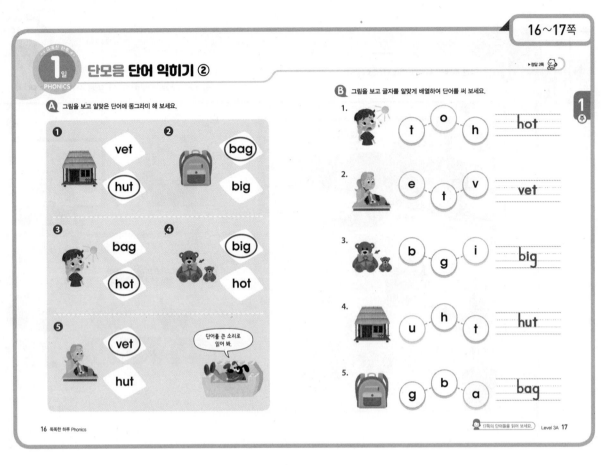

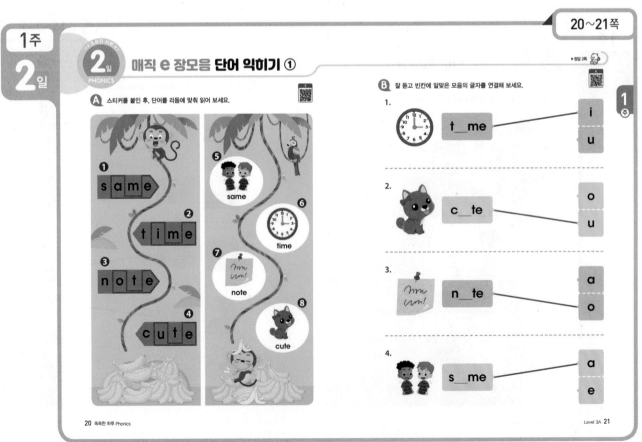

22~23쪽

2일 PHONICS 매직 e 장모음 단어 익히기 ②

▶정답 3쪽

A 단어를 읽고 알맞은 그림과 연결해 보세요.

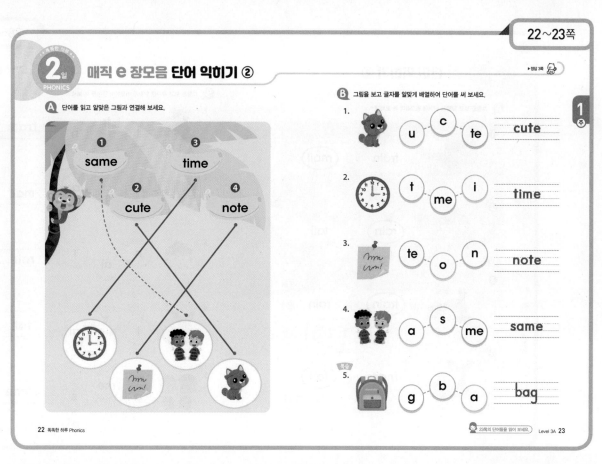

① same ② cute ③ time ④ note

B 그림을 보고 글자를 알맞게 배열하여 단어를 써 보세요.

1. u c te → cute

2. t me i → time

3. te o n → note

4. a s me → same

독음
5. g b a → bag

22 똑똑한 하루 Phonics

23쪽의 단어들을 읽어 보세요. Level 3A 23

26~27쪽

1주 3일 | 3일 PHONICS ai 단어 익히기 ①

▶정답 3쪽

A 스티커를 붙인 후, 단어를 리듬에 맞춰 읽어 보세요.

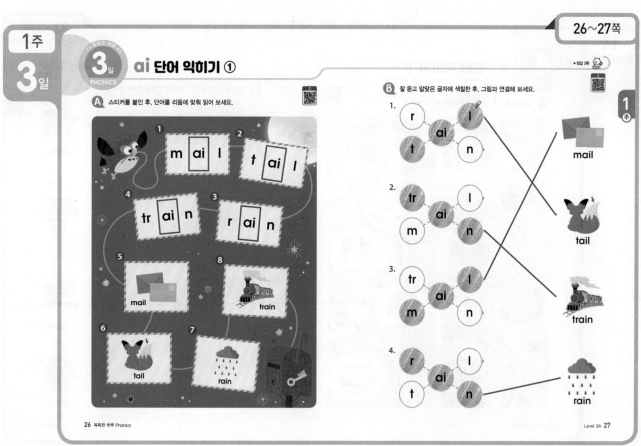

① m ai l ② t ai l ④ tr ai n ③ r ai n ⑤ mail ⑧ train ⑥ tail ⑦ rain

B 잘 듣고 알맞은 글자에 색칠한 후, 그림과 연결해 보세요.

1. r ai l / t ai n → mail

2. tr ai l / m ai n → tail

3. tr ai l / m ai n → train

4. r ai l / t ai n → rain

26 똑똑한 하루 Phonics

Level 3A 27

정답 3

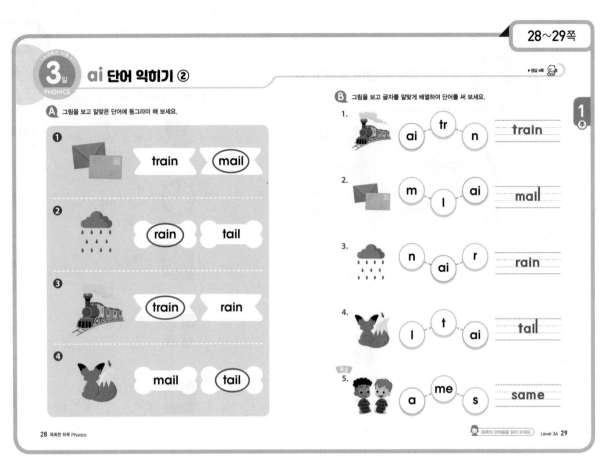

28~29쪽

3일 PHONICS · ai 단어 익히기 ②

▶정답 4쪽

Ⓐ 그림을 보고 알맞은 단어에 동그라미 해 보세요.

❶ train **mail**
❷ **rain** tail
❸ **train** rain
❹ mail **tail**

Ⓑ 그림을 보고 글자를 알맞게 배열하여 단어를 써 보세요.

1. ai tr n → train
2. m l ai → mail
3. n ai r → rain
4. l t ai → tail
5. a me s → same

29쪽의 단어들을 읽어 보세요. Level 3A 29

28 똑똑한 하루 Phonics

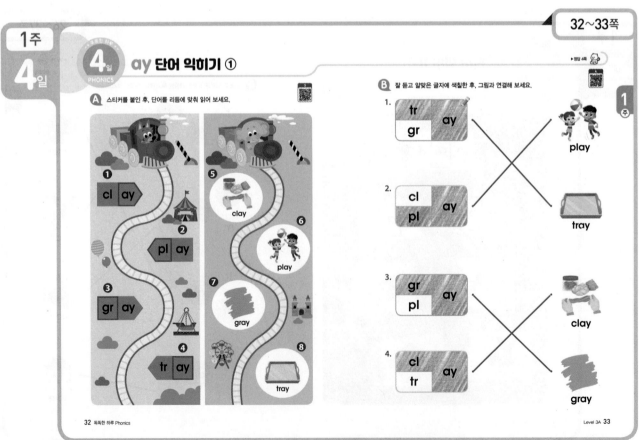

32~33쪽

1주 4일

4일 PHONICS · ay 단어 익히기 ①

▶정답 4쪽

Ⓐ 스티커를 붙인 후, 단어를 리듬에 맞춰 읽어 보세요.

❶ cl ay
❷ pl ay
❸ gr ay
❹ tr ay

❺ clay
❻ play
❼ gray
❽ tray

Ⓑ 잘 듣고 알맞은 글자에 색칠한 후, 그림과 연결해 보세요.

1. tr / **gr** ay → play
2. cl / **pl** ay → tray
3. **gr** / pl ay → clay
4. cl / **tr** ay → gray

32 똑똑한 하루 Phonics

Level 3A 33

4일 ay 단어 익히기 ②

▶정답 5쪽

A 단어를 읽고 알맞은 그림과 연결해 보세요.

B 그림에 알맞은 단어를 찾아 동그라미 하고, 써 보세요.

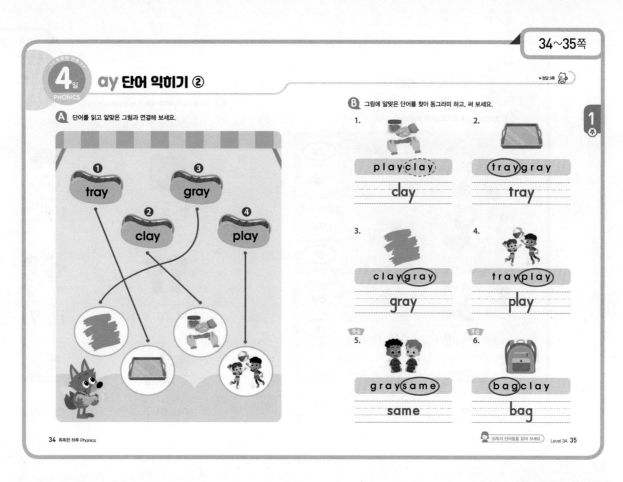

1. play(clay)
   clay

2. (tray)gray
   tray

3. clay(gray)
   gray

4. tray(play)
   play

5. gray(same)
   same

6. (bag)clay
   bag

34 똑똑한 하루 Phonics

35쪽의 단어들을 읽어 보세요. Level 3A 35

1주 복습

5일 장모음 a 복습 ①

공부한 날   월   일

A 잘 듣고 알맞은 단어에 동그라미 해 보세요.

B 잘 듣고 알맞은 글자와 그림을 연결해 보세요.

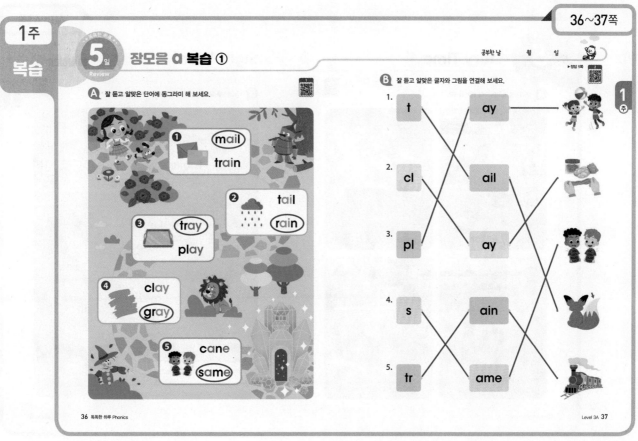

① (mail)
   train

② tail
   (rain)

③ (tray)
   play

④ clay
   (gray)

⑤ cane
   (same)

1. t — ay

2. cl — ail

3. pl — ay

4. s — ain

5. tr — ame

36 똑똑한 하루 Phonics

Level 3A 37

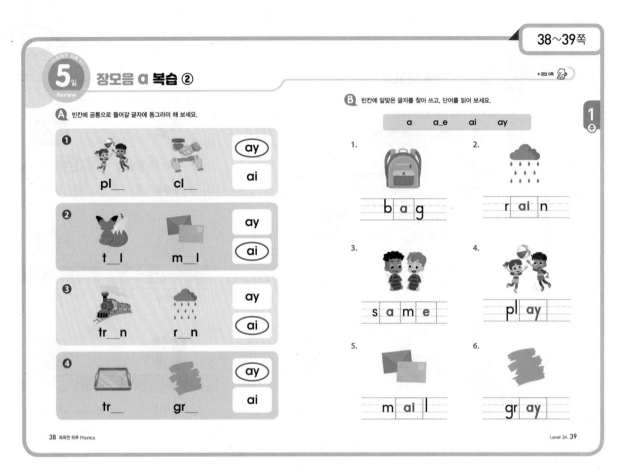

5일 Review 장모음 a 복습 ②

▶정답 6쪽

Ⓐ 빈칸에 공통으로 들어갈 글자에 동그라미 해 보세요.

❶ pl__ cl__ **(ay)** ai

❷ t_l m_l ay **(ai)**

❸ tr_n r_n ay **(ai)**

❹ tr__ gr__ **(ay)** ai

Ⓑ 빈칸에 알맞은 글자를 찾아 쓰고, 단어를 읽어 보세요.

| a | a_e | ai | ay |

1. b a g

2. r ai n

3. s a m e

4. p l ay

5. m ai l

6. gr ay

38 똑똑한 하루 Phonics

Level 3A 39

1주

5일 Review Story Time

Sight Word

▶정답 6쪽

make를 찾아라!

Ⓐ 이야기를 들으며 따라 읽어 보세요.

1. Jane plays with clay.

2. Jane makes a tail.

3. Jane makes a train.

4. Oh no! I hate rain!

Ⓑ make를 모두 찾아 큰 소리로 읽으며 연결해 보세요.

make
make
see
in
make
in
make
see
make
in
make

• make는 '만들다'라는 뜻이에요.
• make는 모두 몇 개인가요? __6__ 개

40 똑똑한 하루 Phonics

Level 3A 41

1주

6 정답

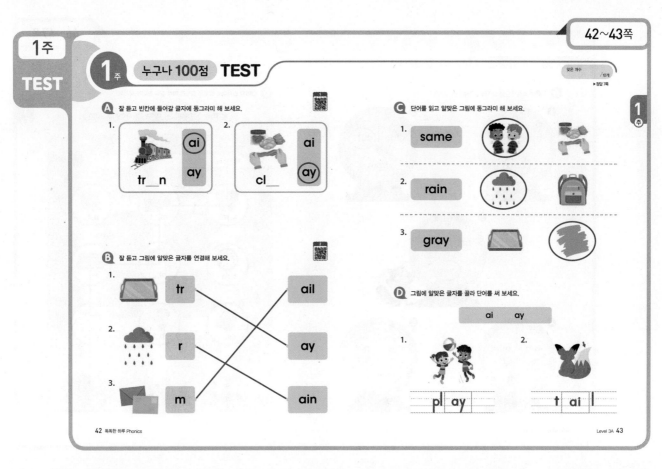

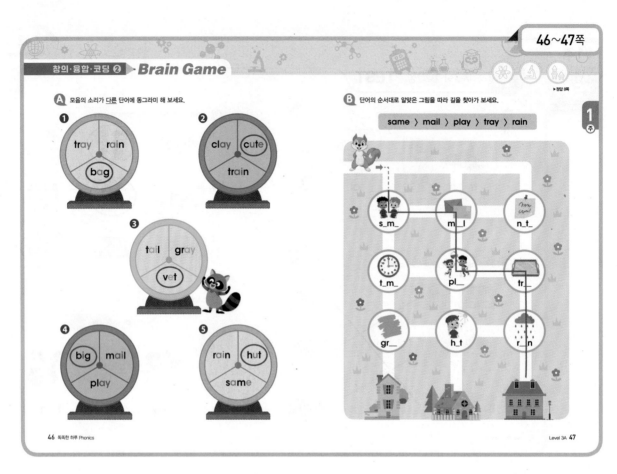

창의·융합·코딩 ❷ *Brain Game*

▶정답 8쪽

Ⓐ 모음의 소리가 다른 단어에 동그라미 해 보세요.

❶ tray rain (bag)

❷ clay (cute) train

❸ tail gray (vet)

❹ (big) mail play

❺ rain (hut) same

Ⓑ 단어의 순서대로 알맞은 그림을 따라 길을 찾아가 보세요.

same 〉 mail 〉 play 〉 tray 〉 rain

s_m_ m_l n_t_
t_m_ pl_ tr_
gr_ h_t r_n

46 똑똑한 하루 Phonics   Level 3A 47

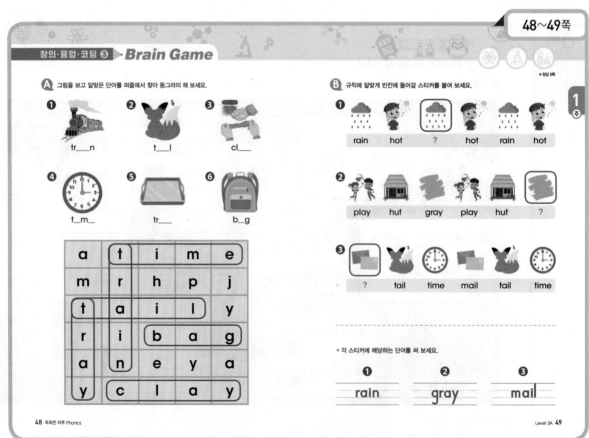

창의·융합·코딩 ❸ *Brain Game*

▶정답 8쪽

Ⓐ 그림을 보고 알맞은 단어를 퍼즐에서 찾아 동그라미 해 보세요.

❶ tr__n
❷ t__l
❸ cl__
❹ t_m_
❺ tr__
❻ b_g

a	t	i	m	e
m	r	h	p	j
t	a	i	l	y
r	i	b	a	g
a	n	e	y	a
y	c	l	a	y

Ⓑ 규칙에 알맞게 빈칸에 들어갈 스티커를 붙여 보세요.

❶ rain hot ? hot rain hot

❷ play hut gray play hut ?

❸ ? tail time mail tail time

* 각 스티커에 해당하는 단어를 써 보세요.

❶ rain   ❷ gray   ❸ mail

48 똑똑한 하루 Phonics   Level 3A 49

52~53쪽

2주 미리 보기

이번 주에는 무엇을 배울까? ❷

ea와 ee는 /이-/ 소리, ie와 igh는 /아이/ 소리가 나요. 알맞은 스티커를 붙여 보세요.

2주 1일 PHONICS

ee 단어 익히기 ①

56~57쪽

Ⓐ 스티커를 붙인 후, 단어를 리듬에 맞춰 읽어 보세요.

Ⓑ 잘 듣고 알맞은 글자에 색칠한 후, 그림과 연결해 보세요.

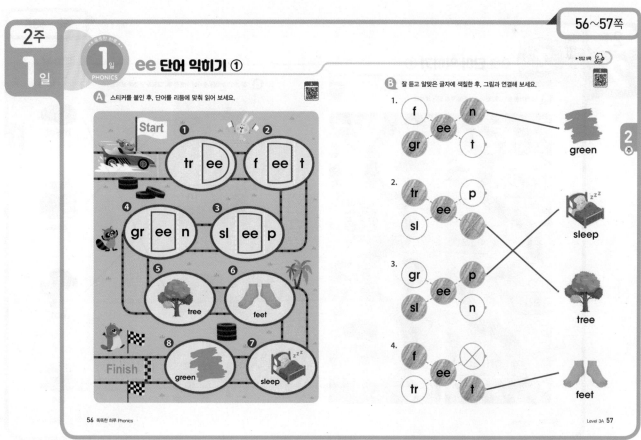

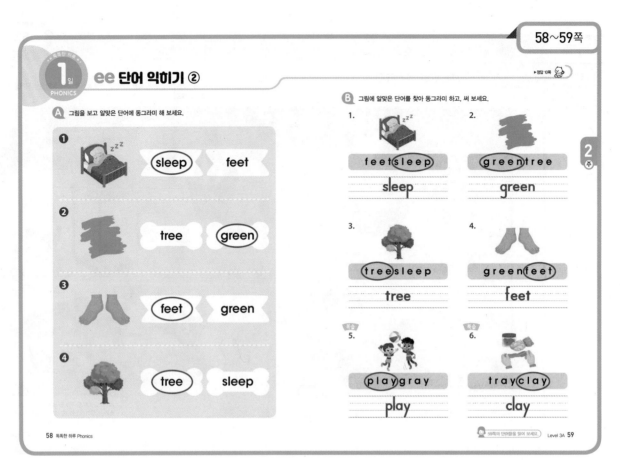

1일 PHONICS ee 단어 익히기 ②

A 그림을 보고 알맞은 단어에 동그라미 해 보세요.

❶ sleep / feet → sleep
❷ tree / green → green
❸ feet / green → feet
❹ tree / sleep → tree

B 그림에 알맞은 단어를 찾아 동그라미 하고, 써 보세요.

1. feet **sleep** → sleep
2. **green** tree → green
3. **tree** sleep → tree
4. green **feet** → feet
5. play **gray** → play
6. tray **clay** → clay

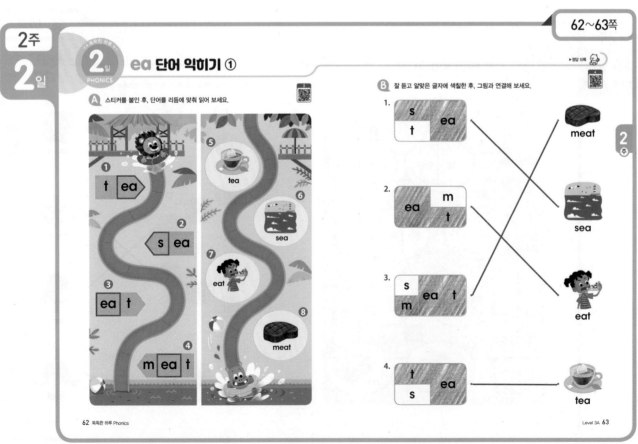

2주 2일 PHONICS ea 단어 익히기 ①

A 스티커를 붙인 후, 단어를 리듬에 맞춰 읽어 보세요.

❶ t ea
❷ s ea
❸ ea t
❹ m ea t
❺ tea
❻ sea
❼ eat
❽ meat

B 잘 듣고 알맞은 글자에 색칠한 후, 그림과 연결해 보세요.

1. s t ea → eat
2. ea m t → meat
3. s m ea t → sea
4. t s ea → tea

64~65쪽

2일 PHONICS ea 단어 익히기 ②

▶정답 11쪽

A 단어에 알맞은 그림을 연결해 보세요.

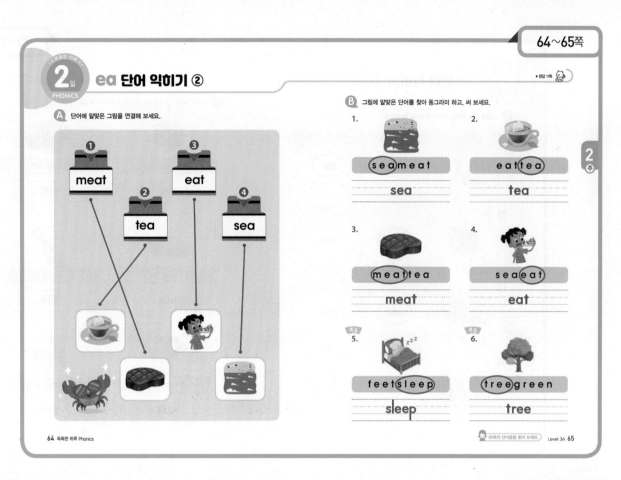

B 그림에 알맞은 단어를 찾아 동그라미 하고, 써 보세요.

1. s e a m e a t
sea

2. e a t t e a
tea

3. m e a t t e a
meat

4. s e a e a t
eat

5. f e e t s l e e p
sleep

6. t r e e g r e e n
tree

65쪽의 단어들을 읽어 보세요. Level 3A 65

64 똑똑한 하루 Phonics

68~69쪽

2주 3일

3일 PHONICS ie 단어 익히기 ①

▶정답 11쪽

A 스티커를 붙인 후, 단어를 리듬에 맞춰 읽어 보세요.

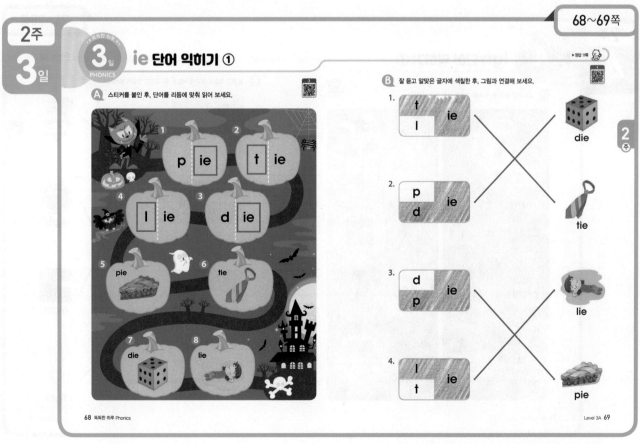

B 잘 듣고 알맞은 글자에 색칠한 후, 그림과 연결해 보세요.

1. t / l ie — die

2. p / d ie — tie

3. d / p ie — lie

4. l / t ie — pie

68 똑똑한 하루 Phonics

Level 3A 69

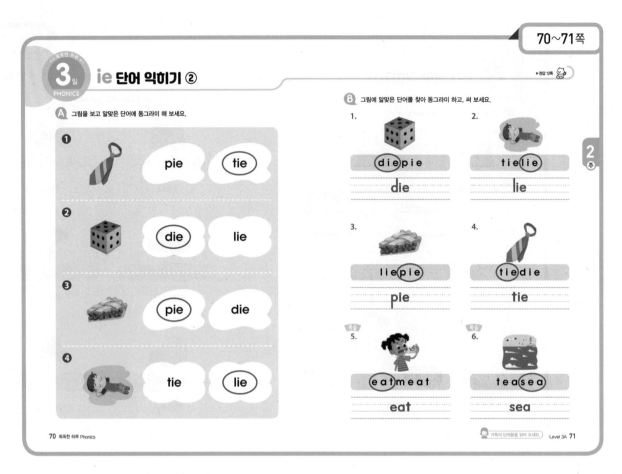

3일 PHONICS **ie 단어 익히기 ②**

▶정답 12쪽

Ⓐ 그림을 보고 알맞은 단어에 동그라미 해 보세요.

❶ pie (tie)

❷ (die) lie

❸ (pie) die

❹ tie (lie)

Ⓑ 그림에 맞은 단어를 찾아 동그라미 하고, 써 보세요.

1. (die) p i e → die

2. t i e (l i e) → lie

3. l i e (p i e) → pie

4. (t i e) d i e → tie

5. (e a t) m e a t → eat

6. t e a (s e a) → sea

70 똑똑한 하루 Phonics

가족의 단어들을 읽어 보세요. Level 3A 71

2주 **4**일

4일 PHONICS **igh 단어 익히기 ①**

▶정답 12쪽

Ⓐ 스티커를 붙인 후, 단어를 리듬에 맞춰 읽어 보세요.

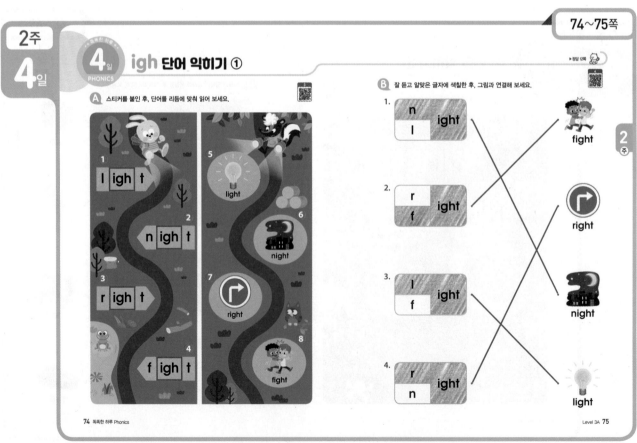

1. l igh t
2. n igh t
3. r igh t
4. f igh t
5. light
6. night
7. right
8. fight

Ⓑ 잘 듣고 알맞은 글자에 색칠한 후, 그림과 연결해 보세요.

1. n / l ight → fight

2. r / f ight → right

3. l / f ight → night

4. r / n ight → light

74 똑똑한 하루 Phonics

Level 3A 75

76~77쪽

4일 PHONICS igh 단어 익히기 ②

▶정답 13쪽

Ⓐ 단어를 읽고 알맞은 그림과 연결해 보세요.

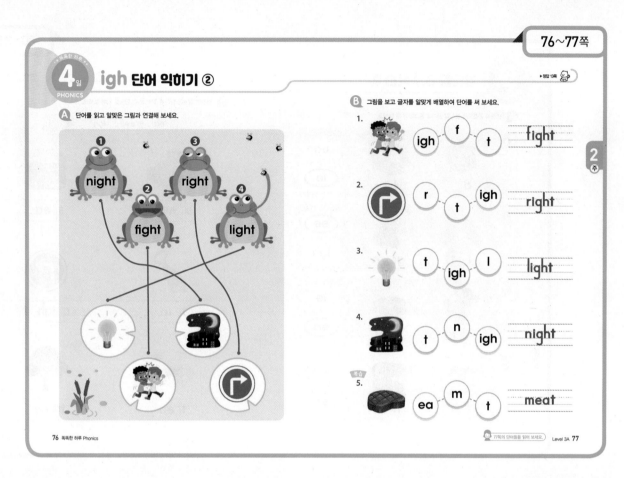

Ⓑ 그림을 보고 글자를 알맞게 배열하여 단어를 써 보세요.

1. igh / f / t → **fight**

2. r / t / igh → **right**

3. t / igh / l → **light**

4. t / n / igh → **night**

복습
5. ea / m / t → **meat**

77쪽의 단어들을 읽어 보세요. Level 3A **77**

76 똑똑한 하루 Phonics

78~79쪽

2주 복습

5일 Review 장모음 e, i 복습 ①

공부한 날 월 일

▶정답 13쪽

Ⓐ 잘 듣고 알맞은 단어에 동그라미 해 보세요.

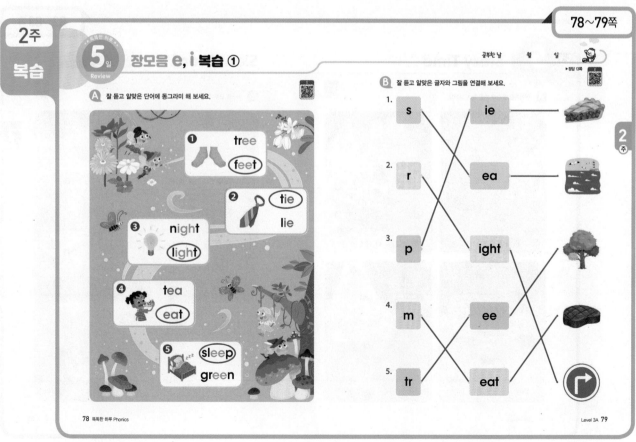

Ⓑ 잘 듣고 알맞은 글자와 그림을 연결해 보세요.

1. s — ie
2. r — ea
3. p — ight
4. m — ee
5. tr — eat

78 똑똑한 하루 Phonics

Level 3A **79**

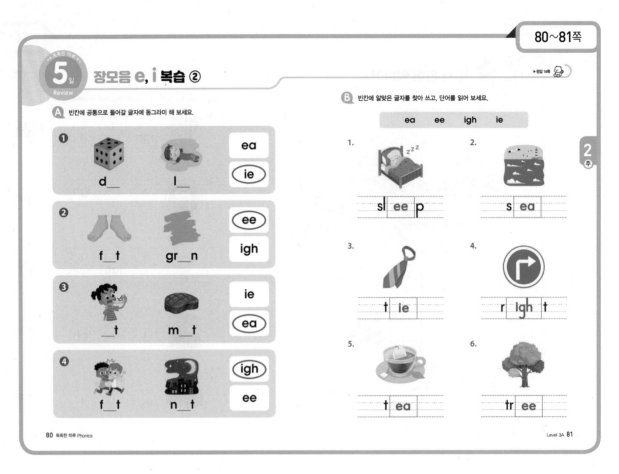

80~81쪽

5일 Review **장모음 e, i 복습 ②**

▶ 정답 14쪽

Ⓐ 빈칸에 공통으로 들어갈 글자에 동그라미 해 보세요.

❶ d__ l__ (ie)

❷ f__t gr__n (ee)

❸ __t m__t (ea)

❹ f__t n__t (igh)

Ⓑ 빈칸에 알맞은 글자를 찾아 쓰고, 단어를 읽어 보세요.

ea   ee   igh   ie

1. sl ee p
2. s ea
3. t ie
4. r igh t
5. t ea
6. tr ee

80 똑똑한 하루 Phonics

Level 3A 81

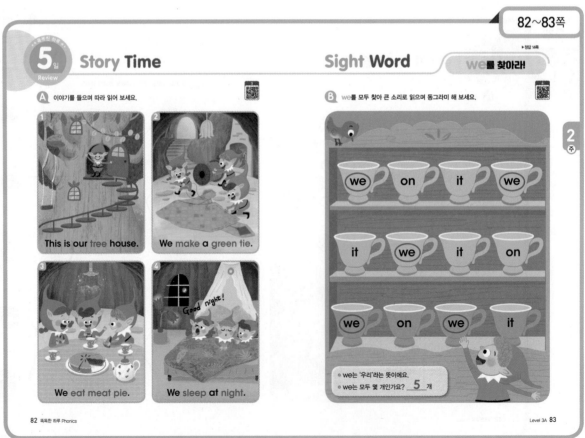

82~83쪽

5일 Review **Story Time**　　**Sight Word**　　**we를 찾아라!**

▶ 정답 14쪽

Ⓐ 이야기를 들으며 따라 읽어 보세요.

1. This is our tree house.
2. We make a green tie.
3. We eat meat pie.
4. We sleep at night.

Ⓑ we를 모두 찾아 큰 소리로 읽으며 동그라미 해 보세요.

we　on　it　we
it　we　it　on
we　on　we　it

• we는 '우리'라는 뜻이에요.
• we는 모두 몇 개인가요? __5__ 개

82 똑똑한 하루 Phonics

Level 3A 83

14 정답

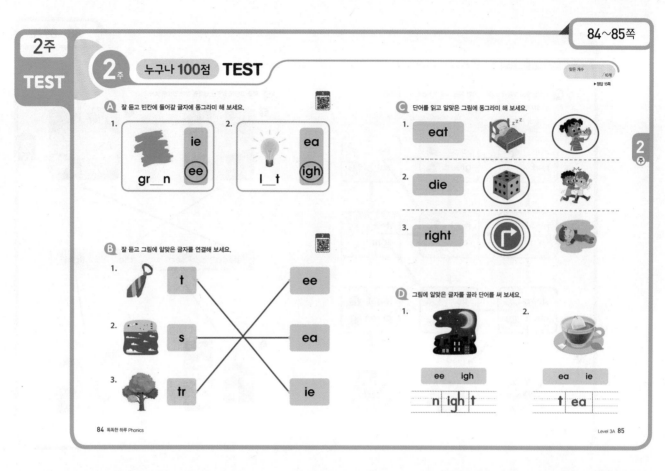

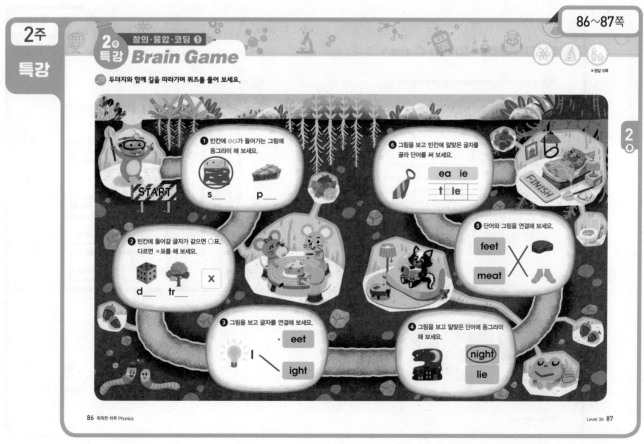

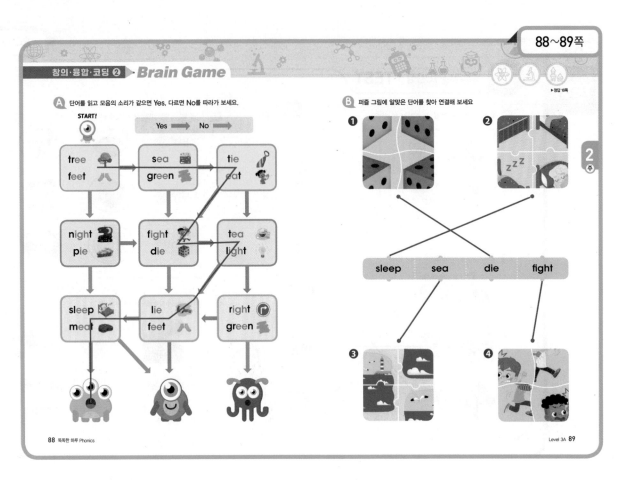

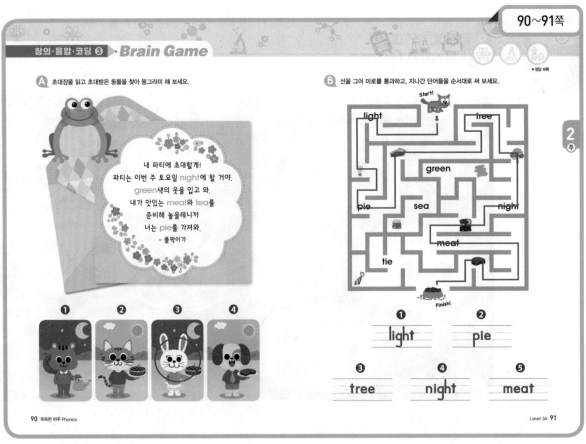

3주 미리보기

3주 이번 주에는 무엇을 배울까? ❷

oa와 ow는 /오우/소리, ui와 ue는 /우-/ 소리가 나요. 알맞은 스티커를 붙여 보세요.

Quiz /오우/ 소리가 들어간 단어에 동그라미를, /우-/ 소리가 들어간 단어에 세모를 그려 보세요.

94 똑똑한 하루 Phonics

Level 3A 95

3주 1일

1일 PHONICS

oa 단어 익히기 ①

A 스티커를 붙인 후, 단어를 리듬에 맞춰 읽어 보세요.

B 잘 듣고 알맞은 글자에 색칠한 후, 그림과 연결해 보세요.

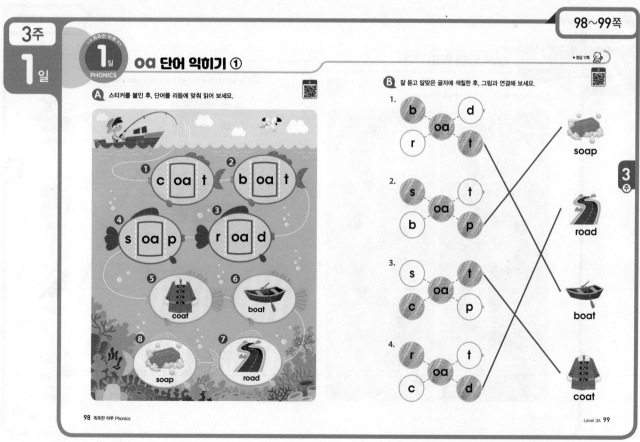

98 똑똑한 하루 Phonics

Level 3A 99

정답 **17**

100~101쪽

1일 PHONICS oa 단어 익히기 ②

▶정답 18쪽

A 그림을 보고 알맞은 단어에 동그라미 해 보세요.

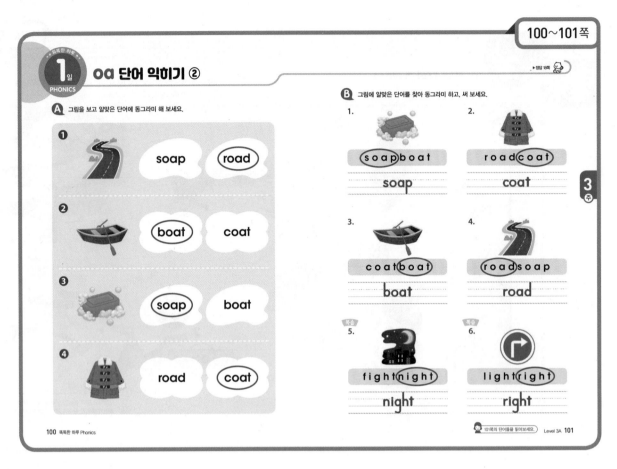

B 그림에 알맞은 단어를 찾아 동그라미 하고, 써 보세요.

1. soapboat → soap
2. roadcoat → coat
3. coatboat → boat
4. roadsoap → road
5. fightnight → night
6. lightright → right

104~105쪽

3주 2일 PHONICS ow 단어 익히기 ①

▶정답 18쪽

A 스티커를 붙인 후, 단어를 리듬에 맞춰 읽어 보세요.

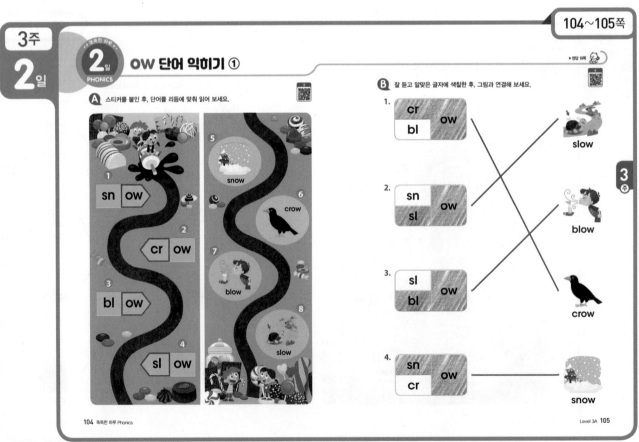

B 잘 듣고 알맞은 글자에 색칠한 후, 그림과 연결해 보세요.

1. cr / bl + ow
2. sn / sl + ow
3. sl / bl + ow
4. sn / cr + ow

slow
blow
crow
snow

106~107쪽

2일 ow 단어 익히기 ②

PHONICS

▶정답 19쪽

A 단어를 읽고 알맞은 그림과 연결해 보세요.

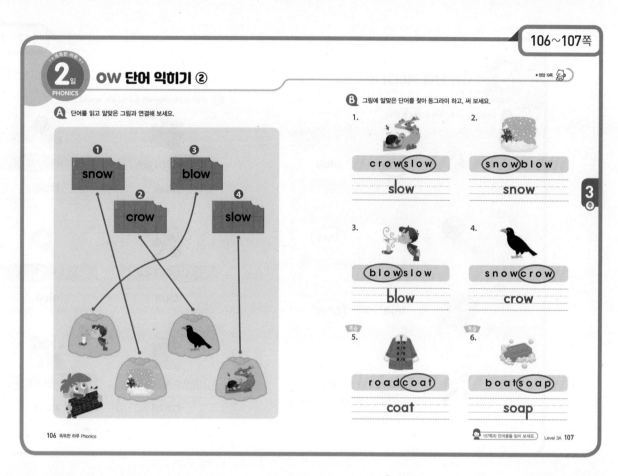

① snow
③ blow
② crow
④ slow

B 그림에 알맞은 단어를 찾아 동그라미 하고, 써 보세요.

1. crow(slow)
slow

2. snow(blow)
snow

3. (blow)slow
blow

4. snow(crow)
crow

5. road(coat)
coat

6. boat(soap)
soap

107쪽의 단어들을 읽어 보세요. Level 3A 107

110~111쪽

3주 3일

3일 ue 단어 익히기 ①

PHONICS

▶정답 19쪽

A 스티커를 붙인 후, 단어를 리듬에 맞춰 읽어 보세요.

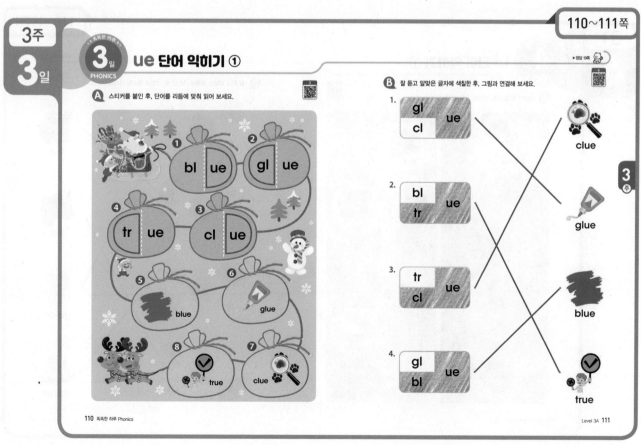

① bl ue
② gl ue
④ tr ue
③ cl ue
⑤ blue
⑥ glue
⑧ true
⑦ clue

B 잘 듣고 알맞은 글자에 색칠한 후, 그림과 연결해 보세요.

1. gl / cl ue — clue
2. bl / tr ue — glue
3. tr / cl ue — blue
4. gl / bl ue — true

110 똑똑한 하루 Phonics

Level 3A 111

112~113쪽

3일 PHONICS
ue 단어 익히기 ②

▶정답 20쪽

A 그림을 보고 알맞은 단어에 동그라미 해 보세요.

B 그림에 알맞은 단어를 찾아 동그라미 하고, 써 보세요.

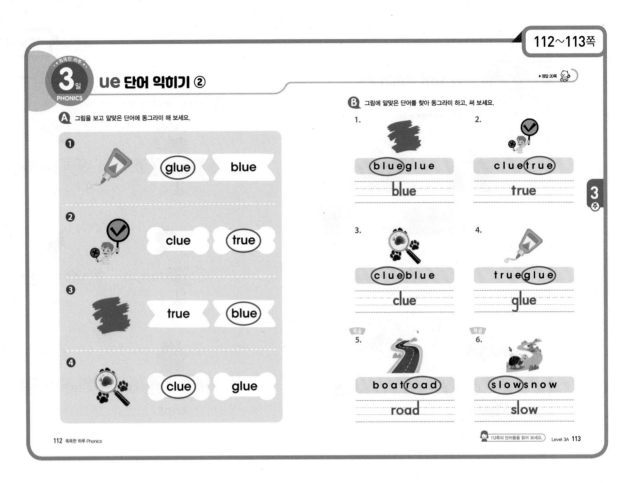

❶ (glue) blue
❷ clue (true)
❸ true (blue)
❹ (clue) glue

1. (blue)glue → blue
2. clue(true) → true
3. (clue)blue → clue
4. true(glue) → glue
5. boat(road) → road
6. (slow)snow → slow

112 똑똑한 하루 Phonics
113쪽의 단어들을 읽어 보세요. Level 3A 113

116~117쪽

3주 **4**일

4일 PHONICS
ui 단어 익히기 ①

▶정답 20쪽

A 스티커를 붙인 후, 단어를 리듬에 맞춰 읽어 보세요.

B 잘 듣고 알맞은 글자에 색칠한 후, 그림과 연결해 보세요.

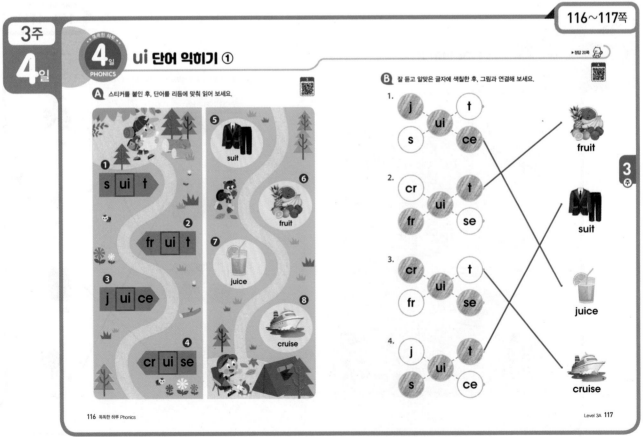

❶ s u i t
❷ fr ui t
❸ j ui ce
❹ cr ui se
❺ suit
❻ fruit
❼ juice
❽ cruise

1. j / s — ui — t / ce
2. cr / fr — ui — t / se
3. cr / fr — ui — t / se
4. j / s — ui — t / ce

fruit
suit
juice
cruise

116 똑똑한 하루 Phonics
Level 3A 117

4일 PHONICS

ui 단어 익히기 ②

▶정답 21쪽

Ⓐ 단어를 읽고 알맞은 그림과 연결해 보세요.

Ⓑ 그림을 보고 글자를 알맞게 배열하여 단어를 써 보세요.

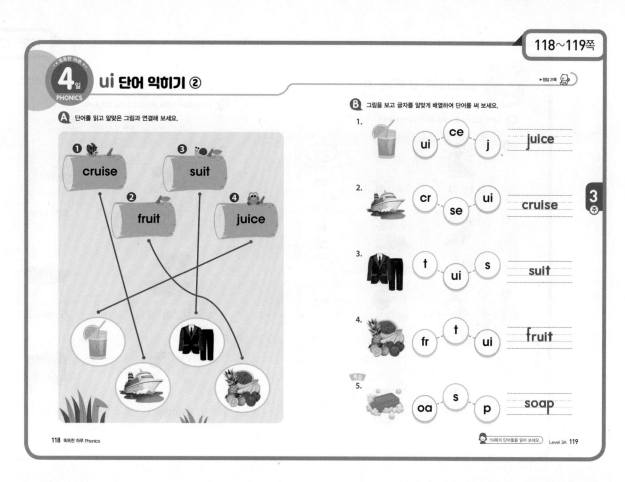

1. ui ce j → juice
2. cr se ui → cruise
3. t ui s → suit
4. fr t ui → fruit
5. oa s p → soap

119쪽의 단어들을 읽어 보세요. Level 3A 119

3주

3주 복습

5일 Review

장모음 o, u 복습 ①

공부한 날   월   일

▶정답 21쪽

Ⓐ 잘 듣고 알맞은 단어에 동그라미 해 보세요.

Ⓑ 잘 듣고 알맞은 글자와 그림을 연결해 보세요.

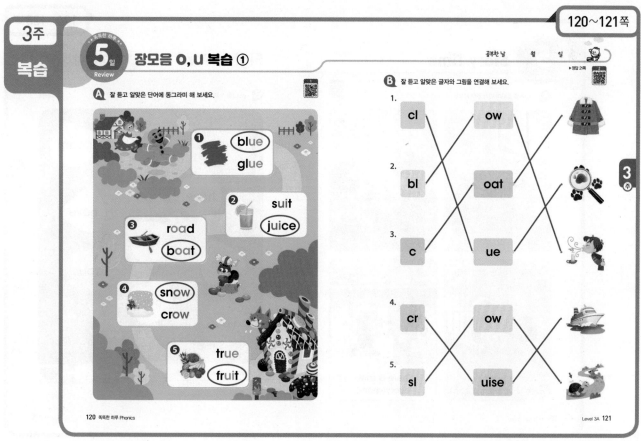

1. blue / glue
2. suit / juice
3. road / boat
4. snow / crow
5. true / fruit

1. cl — ow
2. bl — oat
3. c — ue
4. cr — ow
5. sl — uise

Level 3A 121

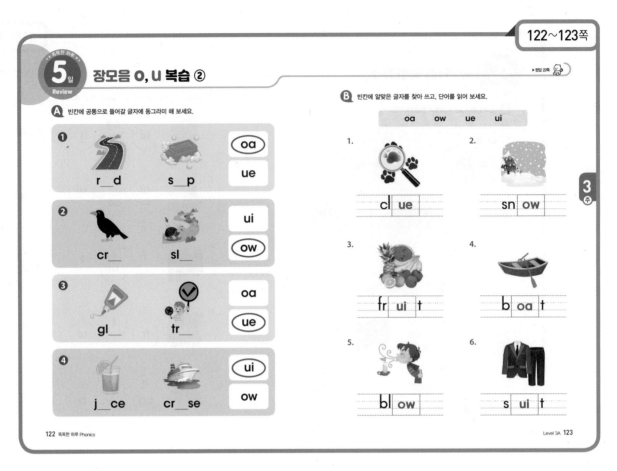

5일 Review 장모음 o, u 복습 ②

▶정답 22쪽

Ⓐ 빈칸에 공통으로 들어갈 글자에 동그라미 해 보세요.

❶ r_d   s_p   **oa** / ⓤⓔ

❷ cr__   sl__   ui / ⓞⓦ

❸ gl__   tr__   ⓞⓐ / ⓤⓔ

❹ j_ce   cr_se   ⓤⓘ / ow

Ⓑ 빈칸에 알맞은 글자를 찾아 쓰고, 단어를 읽어 보세요.

oa   ow   ue   ui

1. cl|ue|
2. sn|ow|
3. fr|ui|t
4. b|oa|t
5. bl|ow|
6. s|ui|t

122 똑똑한 하루 Phonics

Level 3A 123

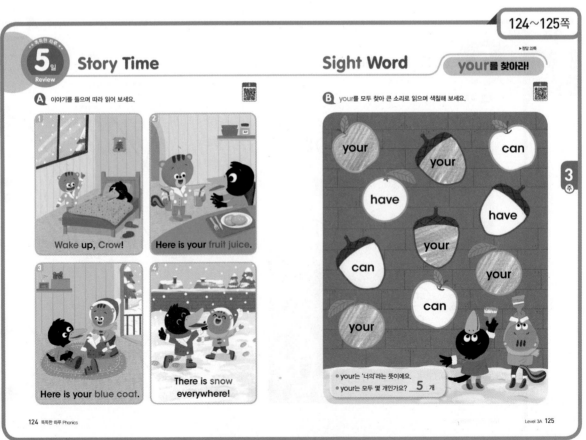

5일 Review   **Story Time**   **Sight Word**   your를 찾아라!

▶정답 22쪽

Ⓐ 이야기를 들으며 따라 읽어 보세요.

1. Wake up, Crow!
2. Here is your fruit juice.
3. Here is your blue coat.
4. There is snow everywhere!

Ⓑ your를 모두 찾아 큰 소리로 읽으며 색칠해 보세요.

your   can
your
have
have
your
can
your
can
your

• your는 '너의'라는 뜻이에요.
• your는 모두 몇 개인가요? **5** 개

124 똑똑한 하루 Phonics

Level 3A 125

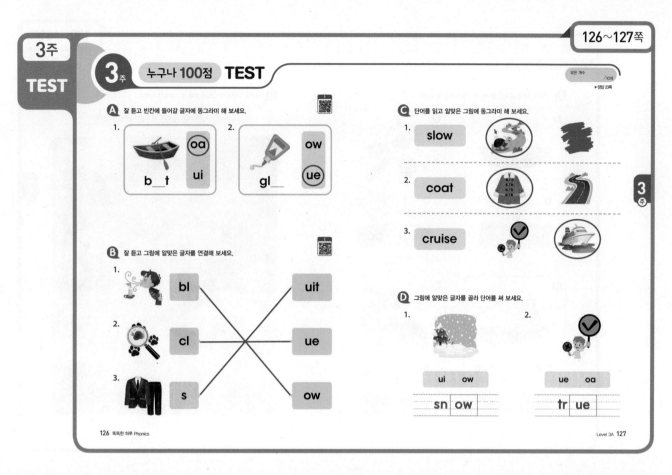

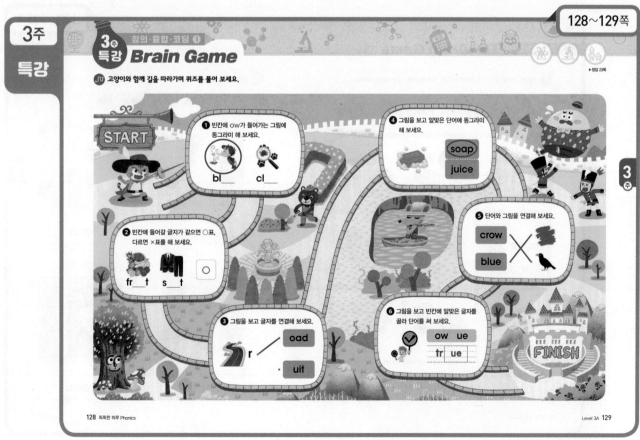

130~131쪽

132~133쪽

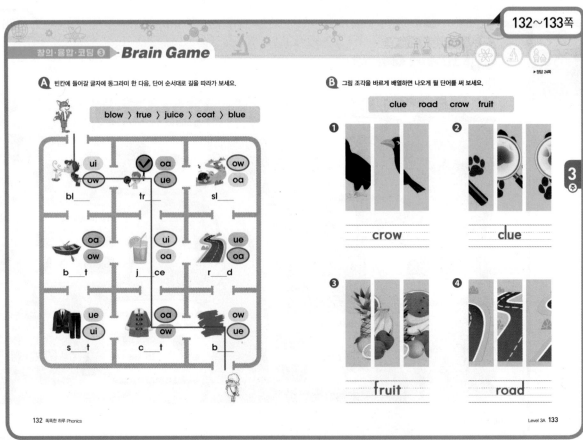

4주 미리 보기

136~137쪽

▶정답 25쪽

4주 이번 주에는 무엇을 배울까? ②

🔵 장모음 /에이/, /이-/, /아이/, /오우/, /우-/ 소리가 나는 글자에 스티커를 붙여 보세요.

Quiz
/아이/ 소리가 들어간 단어는 모두
몇 개인가요? __2__ 개

136 똑똑한 하루 Phonics

Level 3A 137

4주 1일

140~141쪽

1일 PHONICS **장모음 a 단어 익히기 ①**

▶정답 25쪽

🅐 스티커를 붙인 후, 단어를 리듬에 맞춰 읽어 보세요.

🅑 잘 듣고 빈칸에 들어갈 글자를 동그라미 해 보세요.

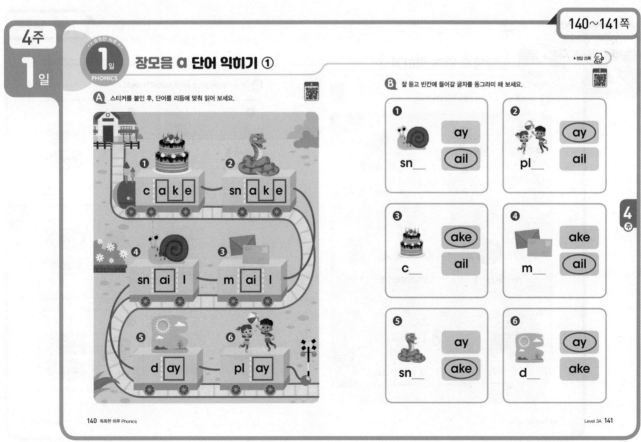

140 똑똑한 하루 Phonics

Level 3A 141

142~143쪽

1일 PHONICS 장모음 a 단어 익히기 ②

▶정답 26쪽

Ⓐ 단어를 읽고 알맞은 그림과 연결해 보세요.

1. snail
2. cake
3. play
4. mail
5. day
6. snake

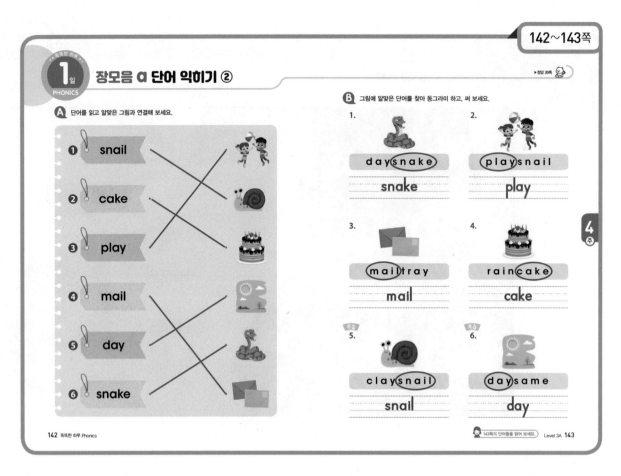

Ⓑ 그림에 알맞은 단어를 찾아 동그라미 하고, 써 보세요.

1. day(snake) → snake
2. (play)snail → play
3. (mail)tray → mail
4. rain(cake) → cake
5. clay(snail) → snail
6. (day)same → day

143쪽의 단어들을 읽어 보세요. Level 3A 143

142 똑똑한 하루 Phonics

4주 2일 PHONICS 장모음 e 단어 익히기 ①

146~147쪽

▶정답 26쪽

Ⓐ 스티커를 붙인 후, 단어를 리듬에 맞춰 읽어 보세요.

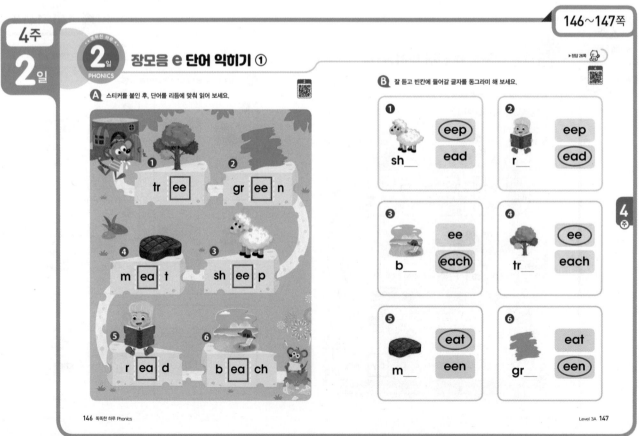

① tr ee
② gr ee n
③ sh ee p
④ m ea t
⑤ r ea d
⑥ b ea ch

Ⓑ 잘 듣고 빈칸에 들어갈 글자를 동그라미 해 보세요.

❶ sh__ (eep) / ead
❷ r__ eep / (ead)
❸ b__ ee / (each)
❹ tr__ (ee) / each
❺ m__ (eat) / een
❻ gr__ eat / (een)

146 똑똑한 하루 Phonics

Level 3A 147

148~149쪽

2일 PHONICS 장모음 e 단어 익히기 ②

▶ 정답 27쪽

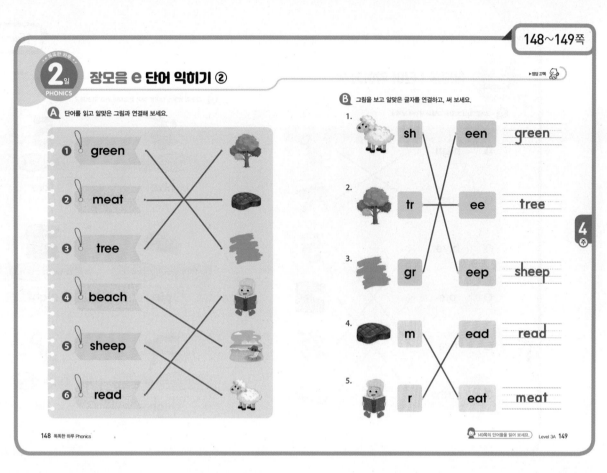

A 단어를 읽고 알맞은 그림과 연결해 보세요.

1 green
2 meat
3 tree
4 beach
5 sheep
6 read

B 그림을 보고 알맞은 글자를 연결하고, 써 보세요.

1. sh — een → green
2. tr — ee → tree
3. gr — eep → sheep
4. m — ead → read
5. r — eat → meat

149쪽의 단어들을 읽어 보세요. Level 3A 149

152~153쪽

4주 3일

3일 PHONICS 장모음 i 단어 익히기 ①

▶ 정답 27쪽

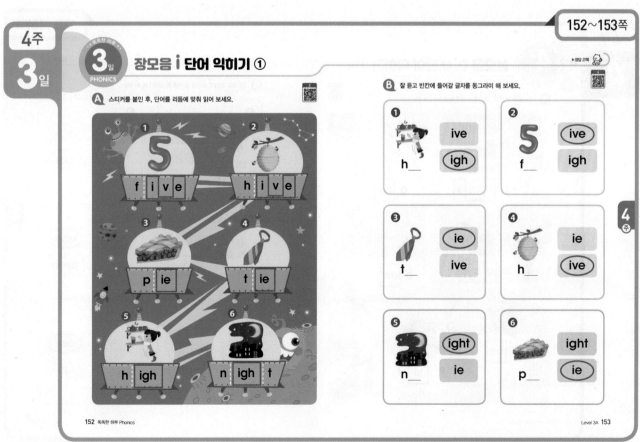

A 스티커를 붙인 후, 단어를 리듬에 맞춰 읽어 보세요.

1. f i v e
2. h i v e
3. p ie
4. t ie
5. h igh
6. n igh t

B 잘 듣고 빈칸에 들어갈 글자를 동그라미 해 보세요.

1 h__ ive / (igh)
2 f__ (ive) / igh
3 t__ (ie) / ive
4 h__ ie / (ive)
5 n__ (ight) / ie
6 p__ ight / (ie)

Level 3A 153

정답 **27**

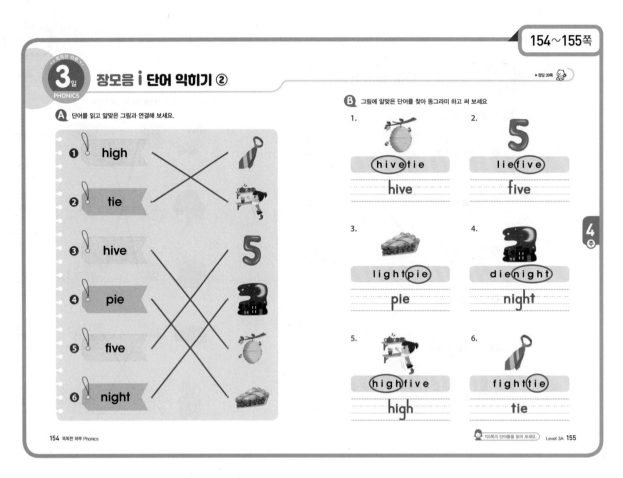

3일 장모음 i 단어 익히기 ②

▶ 정답 28쪽

Ⓐ 단어를 읽고 알맞은 그림과 연결해 보세요.

❶ high
❷ tie
❸ hive
❹ pie
❺ five
❻ night

Ⓑ 그림에 알맞은 단어를 찾아 동그라미 하고 써 보세요

1. (hive)tie — hive
2. lie(five) — five
3. light(pie) — pie
4. die(night) — night
5. (high)five — high
6. fight(tie) — tie

155쪽의 단어들을 읽어 보세요. Level 3A 155

154 똑똑한 하루 Phonics

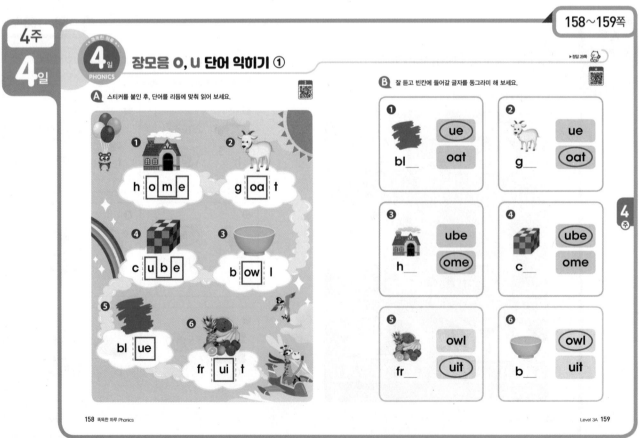

4주 4일

4일 장모음 o, u 단어 익히기 ①

▶ 정답 28쪽

Ⓐ 스티커를 붙인 후, 단어를 리듬에 맞춰 읽어 보세요.

❶ h o m e
❷ g o a t
❹ c u b e
❸ b ow l
❺ bl ue
❻ fr ui t

Ⓑ 잘 듣고 빈칸에 들어갈 글자를 동그라미 해 보세요.

❶ bl__ (ue) oat
❷ g__ ue (oat)
❸ h__ ube (ome)
❹ c__ (ube) ome
❺ fr__ owl (uit)
❻ b__ (owl) uit

158 똑똑한 하루 Phonics

Level 3A 159

4일 PHONICS 장모음 o, u 단어 익히기 ②

▶정답 29쪽

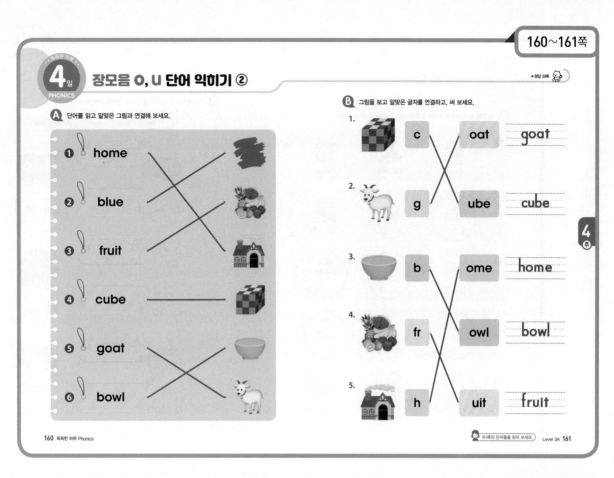

A 단어를 읽고 알맞은 그림과 연결해 보세요.

❶ home
❷ blue
❸ fruit
❹ cube
❺ goat
❻ bowl

B 그림을 보고 알맞은 글자를 연결하고, 써 보세요.

1. c / oat → goat
2. g / ube → cube
3. b / ome → home
4. fr / owl → bowl
5. h / uit → fruit

161쪽의 단어들을 읽어 보세요.   Level 3A 161

160 똑똑한 하루 Phonics

4주 복습

5일 Review 장모음 복습 ①

공부한 날   월   일   ▶정답 29쪽

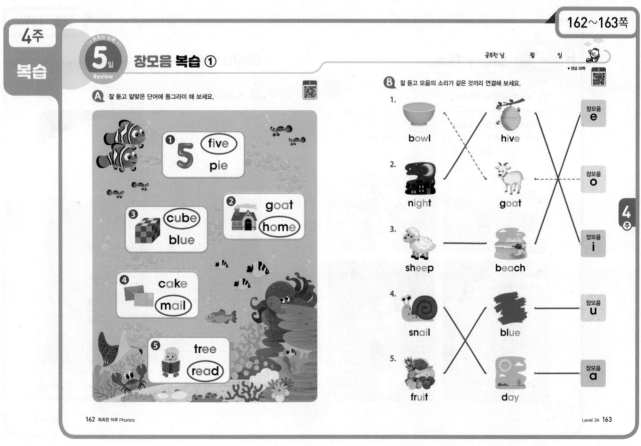

A 잘 듣고 알맞은 단어에 동그라미 해 보세요.

❶ 5 five / pie
❷ goat / home
❸ cube / blue
❹ cake / mail
❺ tree / read

B 잘 듣고 모음의 소리가 같은 것끼리 연결해 보세요.

1. bowl — hive
2. night — goat
3. sheep — beach
4. snail — blue
5. fruit — day

장모음 e
장모음 o
장모음 i
장모음 u
장모음 a

162 똑똑한 하루 Phonics   Level 3A 163

164~165쪽

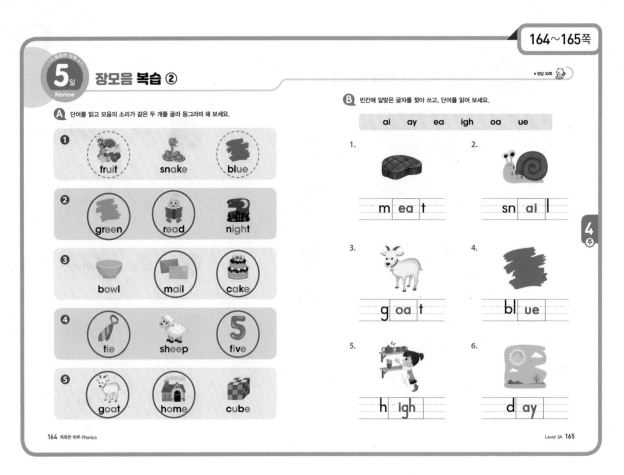

5일 Review 장모음 **복습** ②

▶정답 30쪽

Ⓐ 단어를 읽고 모음의 소리가 같은 두 개를 골라 동그라미 해 보세요.

❶ fruit / snake / **blue**

❷ green / read / night

❸ bowl / mail / cake

❹ tie / sheep / five

❺ goat / home / cube

Ⓑ 빈칸에 알맞은 글자를 찾아 쓰고, 단어를 읽어 보세요.

| ai | ay | ea | igh | oa | ue |

1. m ea t

2. sn ai l

3. g oa t

4. bl ue

5. h igh

6. d ay

164 똑똑한 하루 Phonics

Level 3A 165

166~167쪽

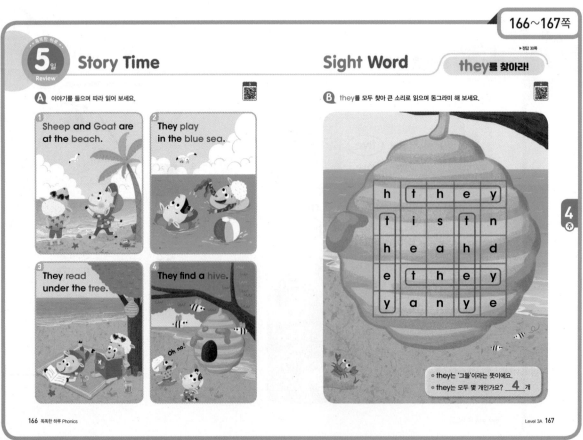

5일 Review Story Time

Ⓐ 이야기를 들으며 따라 읽어 보세요.

1 Sheep and Goat are at the beach.

2 They play in the blue sea.

3 They read under the tree.

4 They find a hive. Oh no!

Sight Word they를 찾아라!

▶정답 30쪽

Ⓑ they를 모두 찾아 큰 소리로 읽으며 동그라미 해 보세요.

h	t	h	e	y
t	i	s	t	n
h	e	a	h	d
e	t	h	e	y
y	a	n	y	e

• they는 '그들'이라는 뜻이에요.
• they는 모두 몇 개인가요? __4__ 개

166 똑똑한 하루 Phonics

Level 3A 167

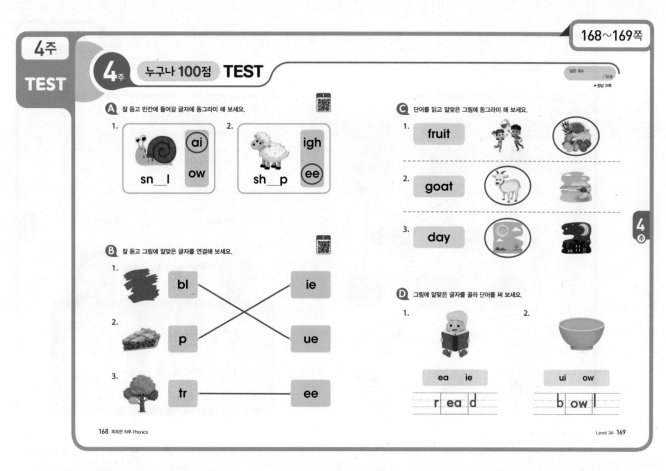

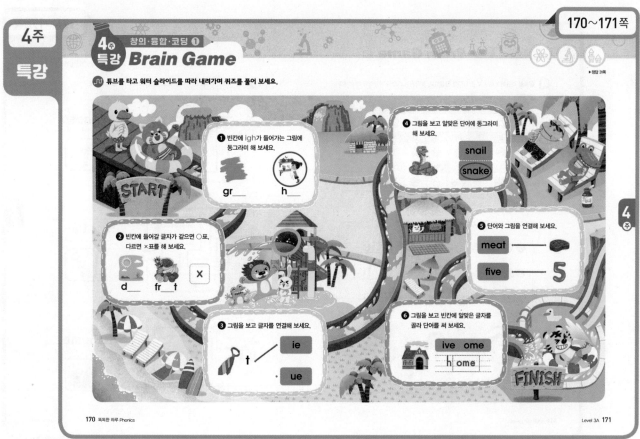

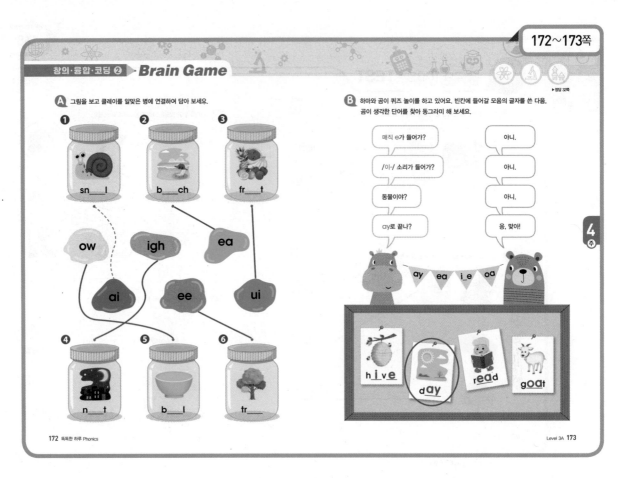

172~173쪽

창의·융합·코딩 ❷ **Brain Game**

Ⓐ 그림을 보고 클레이를 알맞은 병에 연결하여 담아 보세요.

❶ sn__l ❷ b__ch ❸ fr__t

ow igh ea
ai ee ui

❹ n__t ❺ b__l ❻ tr___

Ⓑ 하마와 곰이 퀴즈 놀이를 하고 있어요. 빈칸에 들어갈 모음의 글자를 쓴 다음, 곰이 생각한 단어를 찾아 동그라미 해 보세요.

매직 e가 들어가? — 아니.
/이-/ 소리가 들어가? — 아니.
동물이야? — 아니.
ay로 끝나? — 응, 맞아!

ay ea i_e oa

h i v e   d ay   r e a d   g oa t

172 똑똑한 하루 Phonics

Level 3A 173

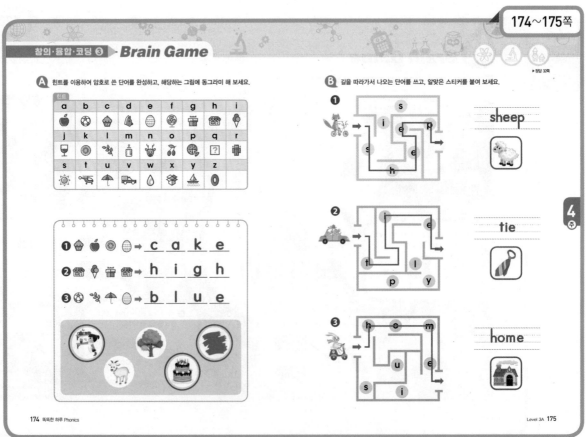

174~175쪽

창의·융합·코딩 ❸ **Brain Game**

Ⓐ 힌트를 이용하여 암호로 쓴 단어를 완성하고, 해당하는 그림에 동그라미 해 보세요.

a	b	c	d	e	f	g	h	i
j	k	l	m	n	o	p	q	r
s	t	u	v	w	x	y	z	

❶ → c a k e
❷ → h i g h
❸ → b l u e

Ⓑ 길을 따라가서 나오는 단어를 쓰고, 알맞은 스티커를 붙여 보세요.

❶ s i e p s e h → sheep
❷ i e t l p y → tie
❸ h c m u e s i → home

174 똑똑한 하루 Phonics

Level 3A 175

32 정답

매일 조금씩 **공부력** UP!

똑똑한 하루
시리즈

쉽다!

하루 10분, 주 5일 완성의
커리큘럼으로 쉽고 재미있게
초등 기초 학습능력 향상!

재미있다!

교과서는 물론, 생활 속에서 쉽게
접할 수 있는 다양한 소재를 활용해
아이 스스로도 재미있는 학습!

똑똑하다!

초등학생에게 꼭 필요한 상식과 함께
학습 만화, 게임, 퍼즐 등을 통한
'비주얼 학습'으로 스마트한 공부 시작!

더 새롭게! 더 다양하게! 전과목 시리즈로 돌아온 '똑똑한 하루'

국어 (예비초~초6)

예비초~초6 각 A·B
교재별 14권

예비초: 예비초 A·B
초1~초6: 1A~4C
14권

영어 (예비초~초6)

초3~초6 Level 1A~4B
8권

Starter A·B
1A~3B
8권

수학 (예비초~초6)

초1~초6 1·2학기
12권

예비초~초6 각 A·B
14권

초1~초6 각 A·B
12권

봄·여름
가을·겨울 (초1~초2)

봄·여름·가을·겨울
2권 / 8권

안전 (초1~초2)

초1~초2
2권

사회·과학 (초3~초6)

학기별 구성
사회·과학 각 8권

정답은
이안에
있어!

실력에 따라 과목별로 다양하게 준비했어요!

수학 전문 교재

● 연산 학습

빅터연산	예비초~6학년, 총 20권
창의융합 빅터연산	예비초~4학년, 총 16권

● 개념 학습

개념클릭 해법수학	1~6학년, 학기용

● 수준별 수학 전문서

해결의법칙(개념/유형/응용)	1~6학년, 학기용

● 서술형·문장제 문제해결서

수학도 독해가 힘이다	1~6학년, 학기용

● 단원평가 대비

수학 단원평가	1~6학년, 학기용

● 단기완성 학습

초등 수학전략	1~6학년, 학기용

● 상위권 학습

최고수준 수학	1~6학년, 학기용
최강 TOT 수학	1~6학년, 학년용

● 경시대회 대비

해법 수학경시대회 기출문제	1~6학년, 학기용

국가수준 시험 대비 교재

● 해법 기초학력 진단평가 문제집	2~6학년·중1 신입생, 총 6권

예비 중등 교재

● 해법 반편성 배치고사 예상문제	6학년
● 해법 신입생 시리즈(수학/영어)	6학년

맞춤형 학교 시험대비 교재

● 멸공 전과목 단원평가	1~6학년, 학기용(1학기 2~6년)
● 해법 총정리	1~6학년, 학기용

한자 교재

● 해법 NEW 한자능력검정시험 자격증 한번에 따기	6~3급, 총 8권
● 씽씽 한자 자격시험	8~7급, 총 2권

배움으로 행복한 내일을 꿈꾸는
천재교육 커뮤니티 안내

· · ·

 교재 안내부터 구매까지 한 번에!
천재교육 홈페이지

자사가 발행하는 참고서, 교과서에 대한 소개는 물론
도서 구매도 할 수 있습니다. 회원에게 지급되는 별을 모아
다양한 상품 응모에도 도전해 보세요!

 다양한 교육 꿀팁에 깜짝 이벤트는 덤!
천재교육 인스타그램

천재교육의 새롭고 중요한 소식을 가장 먼저 접하고 싶다면?
천재교육 인스타그램 팔로우가 필수!
깜짝 이벤트도 수시로 진행되니 놓치지 마세요!

 수업이 편리해지는
천재교육 ACA 사이트

오직 선생님만을 위한, 천재교육 모든 교재에 대한 정보가 담긴
아카 사이트에서는 다양한 수업자료 및 부가 자료는 물론
시험 출제에 필요한 문제도 다운로드하실 수 있습니다.

https://aca.chunjae.co.kr

 천재교육을 사랑하는 샘들의 모임
천사샘

학원 강사, 공부방 선생님이시라면 누구나 가입할 수 있는 천사샘!
교재 개발 및 평가를 통해 교재 검토진으로 참여할 수 있는 기회는 물론
다양한 교사용 교재 증정 이벤트가 선생님을 기다립니다.

 아이와 함께 성장하는 학부모들의 모임공간
튠맘 학습연구소

튠맘 학습연구소는 초·중등 학부모를 대상으로 다양한 이벤트와 함께
교재 리뷰 및 학습 정보를 제공하는 네이버 카페입니다.
초등학생, 중학생 자녀를 둔 학부모님이라면 튠맘 학습연구소로 오세요!